essentials

Essentials liefern aktuelles Wissen in konzentrierter Form. Die Essenz dessen, worauf es als „State-of-the-Art" in der gegenwärtigen Fachdiskussion oder in der Praxis ankommt. *Essentials* informieren schnell, unkompliziert und verständlich

- als Einführung in ein aktuelles Thema aus Ihrem Fachgebiet
- als Einstieg in ein für Sie noch unbekanntes Themenfeld
- als Einblick, um zum Thema mitreden zu können

Die Bücher in elektronischer und gedruckter Form bringen das Fachwissen von Springerautor*innen kompakt zur Darstellung. Sie sind besonders für die Nutzung als eBook auf Tablet-PCs, eBook-Readern und Smartphones geeignet. *Essentials* sind Wissensbausteine aus den Wirtschafts-, Sozial- und Geisteswissenschaften, aus Technik und Naturwissenschaften sowie aus Medizin, Psychologie und Gesundheitsberufen. Von renommierten Autor*innen aller Springer-Verlagsmarken.

Lars-Peter Linke

Corporate Activism: Wenn Unternehmen sich engagieren

Einordnung, Motive, Umsetzung

Lars-Peter Linke
IU Internationale Hochschule
Hamburg, Deutschland

ISSN 2197-6708 ISSN 2197-6716 (electronic)
essentials
ISBN 978-3-658-50933-0 ISBN 978-3-658-50934-7 (eBook)
https://doi.org/10.1007/978-3-658-50934-7

Die Deutsche Nationalbibliothek verzeichnet diese Publikation in der Deutschen Nationalbibliografie; detaillierte bibliografische Daten sind im Internet über https://portal.dnb.de abrufbar.

Planung/Lektorat: Imke Sander
Springer Gabler ist ein Imprint der eingetragenen Gesellschaft Springer Fachmedien Wiesbaden GmbH und ist ein Teil von Springer Nature.
Die Anschrift der Gesellschaft ist: Abraham-Lincoln-Str. 46, 65189 Wiesbaden, Germany

Was Sie in diesem *essential* finden können

- Eine Einführung in Begriff, Formen und Entwicklungslinien des Corporate Activism – von Purpose-Marketing über Corporate Communication bis zur Moralisierung der Märkte.
- Zahlreiche europäische und internationale Beispiele, die zeigen, wie Unternehmen sich gesellschaftlich und politisch positionieren und welche Dynamiken diese Positionierungen auslösen.
- Eine thematische Orientierung entlang der 17 Sustainable Development Goals (SDGs), die zentrale Felder, Akteure und Motive von Corporate Activism sichtbar macht.
- Soziologische Perspektiven und eine kritische Analyse der Wirkmechanismen von Corporate Activism – ergänzt um praktische Empfehlungen, wie Unternehmen verantwortungsvoll und wirksam agieren können.

Vorwort

Unternehmen werden heute nicht mehr ausschließlich an ihren Produkten, Dienstleistungen oder wirtschaftlichen Kennzahlen gemessen. Zunehmend rückt die Frage in den Mittelpunkt, wofür Unternehmen stehen, wie sie sich zu gesellschaftlichen Konflikten positionieren und welche Rolle sie im öffentlichen Diskurs einnehmen. Ob Klimawandel, Diversität, soziale Gerechtigkeit, Demokratie oder geopolitische Krisen – kaum ein relevantes Thema der Gegenwart kommt ohne unternehmerische Stellungnahmen aus. Marken beziehen Position, CEOs äußern sich öffentlich, Mitarbeitende fordern Haltung ein, Konsumentinnen und Konsumenten reagieren mit Zustimmung, Ablehnung oder Boykott. Für diese Entwicklungen hat sich der Begriff Corporate Activism etabliert.

Trotz der intensiven Diskussion in Wissenschaft, Medien und Managementpraxis fehlt es bislang an einer klaren begrifflichen und analytischen Fundierung dieses Phänomens, insbesondere im deutschsprachigen Raum. Corporate Activism wird häufig normativ bewertet. Unternehmen gelten entweder als mutig oder opportunistisch, als glaubwürdig oder als moralisch übergriffig. Solche Zuschreibungen ersetzen jedoch keine systematische Analyse. Oft bleibt unklar, was genau unter Corporate Activism zu verstehen ist, wie er sich von verwandten Konzepten wie Corporate Social Responsibility oder Purpose-Kommunikation abgrenzen lässt und unter welchen Bedingungen er wirksam oder riskant ist.

Dieses Buch setzt an dieser Leerstelle an. Es versteht Corporate Activism weder als kurzfristigen Kommunikationstrend noch als moralisches Qualitätsmerkmal unternehmerischen Handelns. Vielmehr wird Corporate Activism als spezifische Form organisationalen Verhaltens begriffen: als bewusstes, sichtbares und häufig polarisierendes Eingreifen von Unternehmen in gesellschaftliche und politische Diskurse, das mit realen Entscheidungen, Handlungen und Ressourceneinsatz verbunden ist. Corporate Activism entsteht dort, wo Unternehmen bereit sind, Risiken einzugehen und öffentliche Kontroversen in Kauf zu nehmen.

Ziel dieses Essentials ist es, eine begriffliche und analytische Grundlage zu schaffen, die sowohl für die wissenschaftliche Auseinandersetzung als auch für die praktische Anwendung in Unternehmen tragfähig ist. Corporate Activism wird nicht auf einzelne Kampagnen oder Statements reduziert, sondern als Dachbegriff verstanden, unter dem unterschiedliche Akteursebenen wirken: Marken, Unternehmensleitungen, Mitarbeitende, Konsumentinnen und Konsumenten sowie Investoren und Investorinnen. Diese Perspektive erlaubt es, Corporate Activism als komplexes Zusammenspiel verschiedener Interessen, Erwartungen und Handlungslogiken zu analysieren.

Der Aufbau des Buches folgt diesem Ansatz. Nach einer begrifflichen und historischen Einordnung werden die zentralen Ausprägungen des Corporate Activism systematisch dargestellt und voneinander abgegrenzt. Anschließend richtet sich der Blick auf die Themenfelder, in denen Unternehmen aktiv werden. Die Sustainable Development Goals dienen dabei als analytischer Orientierungsrahmen, um gesellschaftliche Relevanz, thematische Schwerpunkte und potenzielle Konfliktlinien sichtbar zu machen.

Dabei wird eine zentrale Einsicht deutlich: Was gesellschaftlich wichtig ist, ist nicht automatisch öffentlich wirksam – und was große Aufmerksamkeit erzeugt, ist nicht zwingend gesellschaftlich bedeutsam. Corporate Activism steht damit vor der grundlegenden strategischen Entscheidung, ob er primär auf Sichtbarkeit oder auf tatsächliche Wirkung zielen will. Diese Unterscheidung ist kein Detail der Kommunikation, sondern eine Kernfrage unternehmerischer Positionierung.

Abschließend ordnet das Buch Corporate Activism kritisch ein. Soziologische und gesellschaftstheoretische Perspektiven zeigen, dass unternehmerischer Aktivismus weder eindeutig progressiv noch per se wirksam ist. Er bleibt abhängig von organisationalen Strukturen, ökonomischen Anreizen, zeitlichen Konjunkturen und gesellschaftlicher Resonanz. Entsprechend verzichtet dieses Essentials auf einfache Handlungsempfehlungen oder normative Urteile. Stattdessen bietet es Orientierung für eine reflektierte Analyse und eine rationale Planung von Corporate Activism in Marketing, Kommunikation und Unternehmensführung.

Corporate Activism ist kein Selbstzweck. Er ist Ausdruck einer veränderten Beziehung zwischen Unternehmen und Gesellschaft. Dieses Buch versteht sich als kompakte Einführung in ein Phänomen, das an Bedeutung gewinnt und zugleich hohe Anforderungen an Analyse, Entscheidung und Verantwortung stellt.

Hamburg, Deutschland
im Dezember 2025

Lars-Peter Linke

Interessenkonflikt Der/die Autor*in hat keine relevanten Interessenskonflikte im Zusammenhang mit dieser Publikation.

Inhaltsverzeichnis

Über den Autor

Prof. Dr. Lars-Peter Linke besitzt mehr als 35 Jahre Erfahrung in Journalismus und PR, Training, Coaching und Weiterbildung: als Pressesprecher, Akademie-Geschäftsführer Trainer, Coach und Autor. Er ist Professor für Kommunikation & PR und Leiter des Fachgebiets Marketing & Kommunikation der IU Internationale Hochschule. lars-peter.linke@iu.org

1 Einleitung: Wenn Unternehmen Gutes tun – oder es zumindest versuchen

Zusammenfassung Corporate Activism beschreibt die wachsende Bereitschaft von Unternehmen, sich sichtbar in gesellschaftliche und politische Debatten einzubringen. Das Phänomen zeigt sich sowohl in aktuellen europäischen und US-amerikanischen Beispielen als auch in historischen Formen unternehmerischen Engagements. Die Entwicklung lässt sich vor allem durch drei strukturelle Trends erklären: den Aufstieg des Purpose-Marketings, das Unternehmen stärker als gesellschaftliche Akteure begreift; die Professionalisierung und strategische Integration der Unternehmenskommunikation sowie die Moralisierung der Märkte, in denen Konsum- und Produktionsentscheidungen zunehmend an normative Erwartungen gebunden werden. Empirische Befunde zeigen, dass Corporate Activism ökonomisch ambivalent ist: Reaktionen der Stakeholder fallen asymmetrisch aus, hängen stark von Wertehaltungen ab und werden maßgeblich durch Authentizität, Markenpassung und gesellschaftliche Polarisierung geprägt. Dadurch wird unternehmerisches Engagement zu einer komplexen Strategie, deren Erfolg weniger von der Intensität des politischen Statements als von Glaubwürdigkeit, Konsistenz und sensibler Kontextbeobachtung abhängt.

L.-P. Linke, *Corporate Activism: Wenn Unternehmen sich engagieren*, essentials, https://doi.org/10.1007/978-3-658-50934-7_1

1.1 Unternehmerische Positionierung im Spiegel der Gesellschaft: Beispiele eines alten und neuen Phänomens

Im zweiten Viertel des 21. Jahrhunderts diskutieren Menschen und Medien, wenn sie über Unternehmen sprechen, nicht nur über Angebote und Produkte, sondern auch über gesellschaftliches und politisches Engagement. Im Gegenzug sehen Unternehmen ihre Aufgabe, ihre Mission oder ihren Daseinszweck nicht ausschließlich in der Erstellung marktfähiger Leistungen und der Deckung der entstehenden Kosten durch Erlöse, sondern auch im gesellschaftlichen Engagement – gerade weil sie dieses Engagement als Voraussetzung für die Erreichung der erstgenannten Ziele sehen. Die Beispiele sind vielfältig:

Im September 2025 unterbrach das Kosmetikunternehmen Lush aus Solidarität mit der Zivilbevölkerung im Gazastreifen den regulären Geschäftsbetrieb. Am 3. September wurden im Vereinigten Königreich sämtliche Geschäfte, das Online-Angebot und die Produktionsstätten für einen Tag geschlossen; am 4. September folgten die Filialen in der Republik Irland. In den Schaufenstern erschien die Botschaft „Stop Starving Gaza – We Are Closed in Solidarity". Mit dieser Maßnahme wollte das Unternehmen öffentlich auf die humanitäre Lage im Gazastreifen aufmerksam machen und verband seinen Markennamen mit einer expliziten politischen Botschaft (Lush 2025).

Im Mai 2022 veröffentlichte das Modelabel Calvin Klein im Rahmen einer globalen Muttertagskampagne Bilder eines schwangeren Transmanns und seiner Partnerin. Die Kampagne sollte laut Unternehmen unterschiedliche Familienformen sichtbar machen und wurde auf Instagram zusammen mit weiteren Motiven verschiedener Familien präsentiert. Der Beitrag löste sowohl Zustimmung für den inklusiven Ansatz als auch Kritik und ablehnende Kommentare aus. In einer Stellungnahme betonte Calvin Klein, eine respektvolle und inklusive Umgebung fördern zu wollen und kündigte an, intolerante Kommentare zu entfernen und entsprechende Accounts gegebenenfalls zu sperren (Adegeest 2022).

Im Vorfeld der Landtagswahlen in den deutschen Bundesländern Sachsen, Thüringen und Brandenburg veröffentlichte Edeka 2024 eine bundesweit sichtbare Kampagne, in der sich das Unternehmen indirekt gegen die AfD positionierte. In Anzeigen auf Instagram, TikTok sowie in ganzseitigen Anzeigen in der Frankfurter Allgemeinen Zeitung und der Zeit nutzte Edeka die Botschaft „Blau ist keine Alternative", verbunden mit dem Hinweis, dass blaue Lebensmittel in der Natur als Warnsignal gelten. Diese Darstellung wurde mit einem Aufruf verknüpft, bei den anstehenden Wahlen für gesellschaftliche Vielfalt einzutreten. Die Aktion reiht sich in frühere Positionierungen des Unternehmens ein, etwa in die „Wir lieben Vielfalt"-Kampagne von 2017 oder Auftritte beim Christopher Street Day (lebensmittelzeitung.net 2024).

Ebenfalls im Vorfeld der Landtagswahlen in den deutschen Bundesländern Sachsen, Thüringen und Brandenburg 2024 starteten über 40 deutsche Unternehmen eine gemeinsame Kampagne unter dem Motto „Made in Germany – Made by Vielfalt". Ziel der Aktion war es, auf die Bedeutung von gesellschaftlicher Vielfalt und Weltoffenheit für den Wirtschaftsstandort Deutschland hinzuweisen und vor populistischen sowie fremdenfeindlichen Tendenzen zu warnen. Beteiligte Unternehmen waren u. a. Miele, Dr. Oetker, Vorwerk, Stihl, Claas, Trigema, Sennheiser sowie Schüco (Dierig 2024).

Die Lebensmittelhandelskette Rewe beendete während der Fußball-Weltmeisterschaft 2022 vorzeitig die Zusammenarbeit mit dem Deutschen Fußball-Bund, nachdem die FIFA Sanktionen gegen das Tragen der „One Love"-Armbinde angekündigt hatte. Diese Armbinde sollte ein Zeichen für Vielfalt und gegen Diskriminierung setzen und war ursprünglich von mehreren europäischen Verbänden, darunter dem DFB, geplant worden. Nach der FIFA-Entscheidung erklärte Rewe, sich von der Haltung des Weltverbands distanzieren zu wollen, und verzichtete mit sofortiger Wirkung auf alle Werberechte aus dem bestehenden Vertrag. Die Kooperation mit dem DFB war bereits zuvor zur Beendigung vorgesehen, wurde nun jedoch unmittelbar ausgesetzt. Im Rahmen der Aktion gab Rewe sein zur Weltmeisterschaft konzipiertes Sammelalbum kostenlos ab und kündigte an, die Einnahmen zu spenden. Das Unternehmen begründete den Schritt mit seinem eigenen Bekenntnis zu Vielfalt und Diversität (wiwo.de 2022).

Am 13. November 2025 veröffentlichten die Stiftung KlimaWirtschaft und zahlreiche Unternehmensleitungen einen zwölf Punkte umfassenden Appell an die Bundesregierung. Darin fordern sie verlässliche politische Rahmenbedingungen, um Klimaschutz, Wettbewerbsfähigkeit und Investitionen in moderne Technologien langfristig zu sichern. Der Appell hebt hervor, dass wirtschaftliche Herausforderungen weniger auf Klimaschutzmaßnahmen als auf strukturelle Faktoren wie Energiepreise, Regulierung und Investitionsbedingungen zurückzuführen seien. Unterzeichnet wurde er unter anderem von Führungskräften von Aldi Süd, Alterric, Schwäbisch Hall, BNP Paribas Deutschland, Daikin, Deutsche Rockwool, GLS Bank, Goldbeck, der Otto Group, Papier- und Kartonfabrik Varel, Rolls-Royce Power Systems, Salzgitter AG, Schüco, SMS Group, Strabag SE, Union Investment, VTG und Wacker Chemie.

Bereits diese Beispiele zeigen, dass sich Corporate Activism sowohl auf dem europäischen Markt als auch in den USA und anderen westlichen Gesellschaften oft beobachten lässt. Wenn Corporate Activism als „Aktivismus der Unternehmen“ für einen guten Zweck beschrieben oder eingefordert wird, beziehen sich die Wissenschaftler, Berater oder Journalisten zumeist auf mittlerweile klassische Beispiele, in denen US-Unternehmen durch politisches Engagement hohe Aufmerksamkeit erzielen konnten:

Patagonia, 1973 gegründet und heute ein international erfolgreiches Unternehmen für Outdoor-Bekleidung mit einem Jahresumsatz von über einer Milliarde Dollar, hat sich über fünf Jahrzehnte als Beispiel für sozial und ökologisch verantwortungsvolles Wirtschaften etabliert. Das Unternehmen ist bekannt für umfassende Maßnahmen zur Verbesserung seiner Lieferketten, für eine ausgeprägte Mitarbeiterorientierung und für öffentlich sichtbares gesellschaftliches Engagement. Geprägt wurde diese Ausrichtung maßgeblich von Firmengründer Yvon Chouinard, der mit seinem starken Fokus auf Umweltschutz und unkonventionelle Unternehmensführung einen breiten Einfluss auf andere Unternehmen ausübte. Im Jahr 2022 übertrug Chouinard alle zukünftigen Gewinne des Unternehmens an eine gemeinnützige Struktur zur Unterstützung von Klimaschutzmaßnahmen, was Patagonia weltweit zusätzliche Aufmerksamkeit verschaffte (Gelles 2025).

Die Eiscrememarke Ben & Jerry's setzt seit seiner Gründung 1978 auf eine „soziale Mission.“ So findet sich im Hauptmenü der deutschen Corporate Website explizit der Menüpunkt „Aktivismus“. Das Unternehmen nutzt seine Marke, Produkte und Kommunikationskanäle, um Positionen zu gesellschafts- und politikrelevanten Themen einzunehmen, darunter Rassengerechtigkeit, Klimaschutz, Geflüchtetenhilfe und demokratiefördernde Initiativen. Auch auf sozialen Medien wie Instagram veröffentlicht das Unternehmen Beiträge zu gesellschaftspolitischem Engagement, die auf eine klare Ausrichtung der Marke auf aktuelle soziale und politische Themen hinweisen (Özoran und Ulusan 2025). Nach Medienberichten kam es zwischen Ben & Jerry's und dem Mutterkonzern Unilever, der das Unternehmen 2000 von den Gründern gekauft hatte, zunehmend zu Spannungen über die Rolle des politischen Engagements im Unternehmen. Die Mitgründer Ben Cohen und Jerry Greenfield hatten sich beim Verkauf der Marke im Jahr 2000 vertraglich zusichern lassen, weiterhin für die gesellschaftlichen Werte der Marke eintreten zu können. Beide kritisierten zuletzt jedoch, Unilever schränke diese Autonomie ein. Greenfield zog sich aus dem Unternehmen zurück; Cohen erklärte, er wolle Ben & Jerry's nur dann verbunden bleiben, wenn die soziale Mission vollständig gewahrt werde. Die Gründer initiierten daher die Kampagne „Free Ben & Jerry's“, die eine erneute Unabhängigkeit der Marke zum Ziel hatte. Unilever wies die Vorwürfe zurück (lebensmittelzeitung.net 2025).

Der Sportartikelhersteller Nike positionierte sich 2018 mit der Entscheidung, den US-amerikanischen Football-Spieler Colin Kaepernick zum Gesicht seiner 30-jährigen „Just Do It"-Jubiläumskampagne zu machen, deutlich zu Fragen rassistischer Diskriminierung und sozialer Gerechtigkeit in den USA. Kaepernick hatte zuvor mit seinem Niederknien während der Nationalhymne eine landesweite Diskussion über rassistische Polizeigewalt angestoßen, die sowohl breite Unterstützung als auch scharfe Kritik auslöste. Die Nike-Kampagne mit dem Slogan „Believe in something. Even if it means sacrificing everything." führte zu einem polarisierten Medienecho, das bis zu Boykottaufrufen reichte. Begleitet wurde die Veröffentlichung von intensiven Debatten in sozialen Medien, in denen zahlreiche Hashtags wie #BoycottNike, #TakeAKnee oder #JustDoIt die gesellschaftliche Spaltung rund um die Kampagne sichtbar machten (Kim et al. 2020).

Allein diese oft zitierten Beispiele von Nike, Ben & Jerry's und Patagonia zeigen, dass der als ‚Corporate Activism' beschriebene Trend vor allem ein Phänomen des US-Marktes im 21. Jahrhundert zu sein scheint. Dieser Trend steht in engem Zusammenhang mit politischen und gesellschaftlichen Entwicklungen, die spätestens seit der ersten Regierungszeit Donald Trumps (2017–2021) zu einer Polarisierung der Gesellschaft und intensiven Debatten geführt haben. Unternehmen, die sich als ‚Corporate Citizen' wie „Bürger" einer Gesellschaft verhalten und damit gesellschaftliche Verantwortung übernehmen, können sich dieser Entwicklung anscheinend nicht entziehen.

Dabei ist das Phänomen, dass sich Unternehmen politisch engagieren und durch streitbare Positionierungen auf sich aufmerksam machen, weder neu noch ein ausschließlich US-spezifisches, sondern lässt sich seit Jahren auch in europäischen Unternehmenskontexten beobachten.

Bereits in den 1990er-Jahren provozierte die italienische Modemarke Benetton unter der kreativen Leitung des Fotografen Oliviero Toscani mit Kampagnen, die nicht primär Produkte bewarben, sondern gesellschaftliche Konflikte sichtbar machten. Zu den international diskutierten Motiven gehörten unter anderem eine ölverschmierte Ente als Verweis auf Umweltkatastrophen, ein mit „AIDS" gestempelter Hintern sowie Kreuze eines Soldatenfriedhofs – Bilder, die der Bundesgerichtshof 1995 in Deutschland als sitten- und wettbewerbswidrig einstufte. Auch andere Kampagnen lösten heftige Reaktionen aus: Das Motiv einer schwarzen Frau, die ein weißes Baby stillt, stieß in den USA auf Widerstand, während es anderswo ausgezeichnet wurde; ein Foto dreier Kinder verschiedener Hautfarben wurde in arabischen Ländern wegen der herausgestreckten Zungen verboten; und die Darstellung eines Kusses zwischen Priester und Nonne wurde im katholischen

Italien zensiert. Später sorgten Porträts von zum Tode verurteilten US-Gefängnisinsassen für wirtschaftliche Konsequenzen, unter anderem verlor Benetton daraufhin einen großen Handelspartner (Schröter 2020). Diese Beispiele zeigen, dass Unternehmen schon vor Jahrzehnten kontroverse gesellschaftliche Themen aufgriffen, weit bevor heutige Debatten über „Purpose" und „Haltung" die Marketingkommunikation prägten.

Während sich Benettons Engagement vor allem auf die Kreation und Ausführung von Kommunikationskampagnen erstreckte, lassen sich in den Lebensläufen deutscher Unternehmer im frühen zwanzigsten Jahrhundert Hinweise und Ausdrücke einer „Haltung" finden, die Unternehmertum, wirtschaftliches und politisches Engagement verknüpften. Zum Beispiel unterstützte der Unternehmer Robert Bosch die „Deutsche Liga für den Völkerbund" und wurde Gründungsmitglied des „Bundes der Erneuerung des Reiches", der auf Basis der Weimarer Verfassung die Republik stabilisieren wollte. Im Zentrum seines europäischen Politikengagements stand die deutsch-französische Aussöhnung, die er in vielfältiger Weise finanziell und mit persönlichem Einsatz vorantrieb. In der Aussöhnung mit Frankreich sah Bosch den Schlüssel für einen dauerhaften Frieden in Europa (Robert Bosch Stiftung kein Datum).

Während Robert Bosch dem nationalsozialistischen Regime kritisch gegenüberstand, fanden sich im Dritten Reich zahlreiche Führungskräfte und Unternehmer, die wirtschaftliches Engagement mit Unterstützung der Gesellschaftsvorstellungen und Ziele der Nationalsozialisten verbanden, sodass es zu einer zunehmenden „Verflechtung von Politik und Wirtschaft" kam (Frei 2007) – wenn man so will, ein ‚Corporate Activism' der dunklen Seite.

Einerseits lässt sich also feststellen, dass unternehmerisches politisches und gesellschaftliches Engagement nicht neu und keine Besonderheit des 21. Jahrhunderts ist. Auch die Verknüpfung der politischen und gesellschaftlichen Ziele mit Marketingzielen ist nicht neu.

Augenfällig und bemerkenswert ist der Befund, dass Unternehmen ihr Engagement für gesellschaftliche oder politische Themen nicht auf Aktionen im Sinne der alten PR-Weisheit „Tue Gutes und rede darüber" reduzieren und statt auf Sponsoring von Projekten, die eine breite Unterstützung in der Bevölkerung erwarten lassen, auch auf Themen setzen, die Widerspruch und Polarisierung mit sich bringen.

Das Eiscremeunternehmen Ben & Jerry's beschreibt dieses Verhalten (Corporate Behavior) als „Soziale Mission": „Wir glauben, dass Eiscreme die Welt verändern kann. Mit der Social Mission lassen wir unseren progressiven Werten auch Taten folgen: Wir engagieren uns für Gerechtigkeit in allen Bereichen – sozial und wirtschaftlich, lokal, national und international." (Magnum ICC Germany GmbH kein Datum).

1.2 Die Entwicklungslinien hinter Corporate Activism: Purpose, Kommunikation und Moralisierung

Wenn Unternehmen sich verstärkt öffentlich zu gesellschaftlichen oder politischen Fragen positionieren und in diesem Sinne ‚Haltung zeigen', lassen sich Strategie und Verhalten als Antwort auf verschiedene Entwicklungen in Wirtschaft und Gesellschaft interpretieren:

1.2.1 Entwicklung des Purpose-Marketings

Unternehmen nutzen im 21. Jahrhundert zunehmend Purpose-Marketing, indem sie ihren über die Profitmaximierung hinausgehenden gesellschaftlichen Zweck kommunizieren. Der Purpose beschreibt, „Sinn, Zweck und Ziel eines Unternehmens" (Ayberk et al. 2017). So entdecken Organisationen mehr und mehr, dass sie sichtbare Träger von Identität und Reputation sind: Menschen leiten sowohl ihre Einschätzung anderer als auch ihr eigenes Selbstverständnis aus beobachtbarem Verhalten ab.

Wenn Firmen ihren Purpose klar formulieren und durch Handlungen nachvollziehbar machen, entsteht ein wirksames Signal über Werte und Haltung. Purpose-Marketing verstärkt dieses Signal, schafft Vertrauen nach außen und bietet Mitarbeitenden wie Kundinnen und Kunden einen identitätsstiftenden Orientierungsrahmen (Henderson und Van den Steen 2015).

Purpose wird in Wissenschaft und Management als Antwort auf grundlegende Probleme des marktwirtschaftlichen Systems verstanden. So wird argumentiert, dass Marktmechanismen langfristig nur stabil bleiben können, wenn Unternehmen zentrale Fehlanreize überwinden, etwa die Externalisierung sozialer und ökologischer Kosten oder kurzfristige Renditeorientierung auf Basis des Shareholder-Value-Dogmas. Diese Dynamiken führen dazu, dass Gewinne privatisiert, gesellschaftliche Folgekosten jedoch kollektiv getragen werden müssen, was das Vertrauen in wirtschaftliche Institutionen untergraben kann. Ein strategisch verstandener Purpose soll diesem Trend entgegenwirken, indem er den Unternehmensbeitrag breiter definiert: Wertschöpfung soll nicht nur Aktionären zugutekommen, sondern allen zentralen Anspruchsgruppen – Beschäftigten, Kundinnen und Kunden, politischen Institutionen, zivilgesellschaftlichen Akteuren und der Gesellschaft insgesamt. Damit wird Purpose zu einem Ansatz, der neben kulturellen und identitätsstiftenden Funktionen auch eine systemische Aufgabe erfüllt: Unternehmen stärker auf langfristige Verantwortung auszurichten und so den Rückhalt für marktwirtschaftliche Ordnungen zu stärken (Porter und Kramer 2011; Brendel 2020).

In der Betriebswirtschaftslehre dient Purpose etwa seit den 2010er-Jahren als institutionelle Leitidee, die Unternehmen nicht nur als ökonomische, sondern als gesellschaftliche Akteure beschreibt. Traditionelle Betriebswirtschaftstheorien waren vornehmlich von einem grundlegenden Gegensatz zwischen Kapital und Arbeit geprägt. Sie interpretierten Unternehmen primär als Geldvermehrungsmaschinen (Kanter 2011). Demgegenüber steht ein moderneres Verständnis, das Unternehmen als soziale Institutionen betrachtet, die – ähnlich wie Familie, Staat oder religiöse Gemeinschaften – einen dauerhaften Beitrag zum gesellschaftlichen Zusammenhalt leisten. Aus dieser Logik heraus arbeiten Unternehmen zwar profitabel, orientieren ihre Entscheidungen jedoch an der Frage, ob sie langfristig tragfähige Institutionen schaffen und zugleich die Bedürfnisse von Menschen und Gesellschaft berücksichtigen. Purpose umfasst in diesem Sinne zentrale Dimensionen eines solchen institutionellen Handelns, darunter eine gemeinsame Zielorientierung, langfristiges Denken, emotionale Verbundenheit, Gemeinschaftsbildung, Innovationsfähigkeit und die Fähigkeit zur Selbstorganisation (Kanter 2011).

Purpose wird damit zu einem normativen Rahmen, der wirtschaftliche Entscheidungen dauerhaft mit gesellschaftlicher Wirkung verbindet und den Anspruch unterstreicht, unternehmerisches Handeln als Teil eines größeren Ganzen zu verstehen.

1.2.2 Entwicklung des Corporate Communication Managements

Eine weitere wesentliche Ursache für das Aufkommen von Corporate Activism liegt in der wachsenden Bedeutung der Disziplin ‚Corporate Communication' seit den 1980er-Jahren. In dieser Phase begannen Unternehmen, zuvor getrennte Kommunikationsdisziplinen wie Medienarbeit, Werbung, Verkaufsförderung oder Produkt-PR zusammenzuführen und in integrierten Abteilungen zu bündeln. Ausschlaggebend war die Einsicht, dass eine fragmentierte Kommunikationslandschaft zu inkonsistenten Botschaften und einer suboptimalen Ausrichtung an den Interessen des Unternehmens führt. Die Integration ermöglichte erstmals eine strategische, organisationsweit abgestimmte Kommunikation mit allen Stakeholdergruppen.

In den 1990er- und 2000er-Jahren verschob sich der Fokus zusätzlich hin zu Begriffen wie Corporate Identity, Corporate Reputation und Corporate Branding – Konzepte, die betonen, dass Kommunikation primär der Positionierung des Unternehmens in den Köpfen der relevanten Öffentlichkeit dient (Cornelissen 2023). Mit dem Aufkommen digitaler Medien wurden Stakeholder jedoch zunehmend aktiver, artikulierten ihre Erwartungen direkter und beeinflussten die Wahrnehmung von Unternehmen durch vernetzte, dialogische Kommunikationsformen. Dadurch setzte sich die Erkenntnis durch, dass Unternehmen nicht länger nur Botschaften steuern, sondern vor allem Haltung zeigen müssen: transparent auftreten, konsistent in ihrem Selbstverständnis handeln und auf Kritik reagieren (Cornelissen 2023).

In diesem Kommunikationsklima, in dem Authentizität und Charakter zum strategischen Maßstab werden, entsteht der Druck – und zugleich die Möglichkeit –, gesellschaftliche und politische Positionen sichtbar einzunehmen. Corporate Activism lässt sich damit als Folge dieser langfristigen Kommunikationsentwicklung verstehen: als Ausdruck eines integrierten, strategisch ausgerichteten Kommunikationsverständnisses, das Werte, Verhalten und Reputationsaufbau untrennbar miteinander verknüpft.

1.2.3 Moralisierung der Märkte

Eine dritte Entwicklung, die das Aufkommen von Corporate Activism begünstigt, ist der von Nico Stehr beschriebene Prozess der ‚Moralisierung der Märkte' (Stehr 2007).

Stehr geht davon aus, dass die klassische Marktlogik – geprägt von der Vorstellung, wirtschaftliches Handeln sei primär durch Eigeninteresse und monetäre Rationalität bestimmt – aus einer historischen Situation stammt, die für moderne Gesellschaften nicht mehr gilt. Während in früheren Epochen Konsum eine marginale Rolle spielte und große Teile der Bevölkerung kaum am Marktgeschehen teilnahmen, hat sich die soziale Bedeutung von Konsum, Produktion und Marktbeziehungen grundlegend verändert. Ökonomisches Handeln wird zunehmend an moralischen Erwartungen ausgerichtet: Fairness, Nachhaltigkeit, Authentizität, Solidarität oder gesellschaftlicher Ausgleich sind Kriterien, die das Verhalten von Konsumenten und Produzenten gleichermaßen prägen. Märkte werden damit nicht nur als Orte des Güteraustauschs verstanden, sondern als Arenen, in denen sich Werte, Normen und gesellschaftliche Vorstellungen ausdrücken und verändern.

Stehr führt diesen Wandel auf vier miteinander verbundene soziale Prozesse zurück.

Erstens ermöglicht der historisch einmalige Anstieg materieller Sicherheit und des allgemeinen Wohlstands, dass Marktteilnehmer nicht mehr lediglich auf kurzfristige Preisvorteile achten, sondern auch auf die gesellschaftlichen Folgen ihres Handelns. In wohlhabenden Gesellschaften eröffnen längere Lebenserwartung, verbesserte Gesundheitsversorgung und ein insgesamt geringeres Alltagsrisiko neue Spielräume für moralisch motivierte Entscheidungen.

Zweitens verändert das gestiegene Bildungsniveau die Wahrnehmung wirtschaftlicher Zusammenhänge. Größere Wissensbestände, höhere Problemlösefähigkeiten und eine wachsende Orientierung an abstrakten gesellschaftlichen Fragen erweitern die Handlungsoptionen von Konsumenten und Produzenten. Wissen wird zum zentralen Produktionsfaktor und beeinflusst zugleich die Erwartungen an die sozialen und ökologischen Eigenschaften von Waren und Dienstleistungen (Stehr 2007).

Drittens führt die soziale, kulturelle und geografische Ausweitung der Märkte zu neuen Formen wirtschaftlicher Vergesellschaftung. Märkte differenzieren sich aus, dringen in Lebensbereiche vor, die zuvor nicht wirtschaftlich organisiert waren, und verknüpfen lokale, nationale und globale Handlungskontexte. Diese „Extension" macht unterschiedliche kulturelle Vorstellungen, Normen und moralische Ansprüche sichtbar und verstärkt den Druck auf Unternehmen, sich dazu zu positionieren (Stehr 2007).

Viertens tragen auch staatliche Regulierungen zur Moralisierung der Märkte bei. Obwohl viele Bereiche dereguliert wurden, sorgen rechtliche Vorgaben und Sicherheits-, Umwelt- oder Verbraucherschutzstandards dafür, dass nicht-utilitaristische Prinzipien wie Sicherheit, Fairness oder gesundheitliche Verantwortung Teil des Marktgeschehens werden (Stehr 2007).

Stehr beschreibt die Moralisierung der Märkte als sich selbst verstärkenden Prozess: Weil Marktteilnehmer zunehmend moralisierte Entscheidungen treffen, verändern sich die Erwartungen an Unternehmen – und diese Erwartungen verändern wiederum das Verhalten der Unternehmen. Diese Entwicklung bedeutet keinen Bruch mit dem Kapitalismus, wohl aber eine Modifikation seiner Funktionslogik: Ökonomisches Handeln bleibt auf Gewinn ausgerichtet, wird aber durch normative und gesellschaftliche Ansprüche überformt (Stehr 2007).

Für das Verständnis von Corporate Activism ist diese Beobachtung zentral. Der Druck auf Unternehmen, zu gesellschaftlichen und politischen Themen Stellung zu beziehen, entsteht nicht allein aus strategischen Erwägungen, sondern auch aus veränderten Marktbedingungen. Konsumenten und Konsumentinnen, Mitarbeitende und andere Stakeholder erwarten zunehmend, dass Unternehmen ihre Werte sichtbar machen und Verantwortung für gesellschaftliche Entwicklungen übernehmen. Corporate Activism kann daher als Ausdruck eines moralisierten Marktumfelds verstanden werden, in dem ökonomische Entscheidungen immer auch symbolische Wirkungen haben und Unternehmen sich als gesellschaftliche Akteure positionieren (müssen).

Es erscheint zumindest bemerkenswert, wenn nicht sogar paradox, dass jene Generation, die zwischen 1950 und 2000 in einer historisch einmaligen Phase persönlichen Wohlstands und materieller Sicherheit sozialisiert wurde (Stehr 2007), sich heute in einer Gegenwart behaupten muss, die von wachsender Unsicherheit, staatlicher Überschuldung und einer verbreiteten Sorge um die Stabilität demokratischer Ordnungen geprägt ist. Zu diesen Akteuren gehören sowohl Konsumenten und Konsumentinnen als auch Unternehmensvertreter, die in Marketing und Corporate Communication den „Case" für Corporate Activism als sichtbar gezeigte Haltung vorantreiben. Ein Beispiel dafür bietet die gemeinsame Initiative der Kommunikationsverbände DPRG, BdKom und DPRA, die im Mai 2024 anlässlich des 75-jährigen Jubiläums des Grundgesetzes gestartet wurde. Die Verbände, die zusammen rund 10.000 professionelle Kommunikatorinnen und Kommunikatoren vertreten, betonen die Bedeutung wahrhaftiger, transparenter und glaubwürdiger Kommunikation und verweisen zugleich auf den zunehmenden Missbrauch digitaler Medien für Desinformation, Hass und Hetze. Bezugspunkt ist der seit 2012 geltende Deutsche Kommunikationskodex, der die ethischen Grundlagen professioneller Kommunikationsarbeit definiert und die Rolle von Kommunikation im demokratischen Prozess hervorhebt.

Die Initiative umfasst Informations-, Weiterbildungs- und Diskussionsangebote und wird insbesondere durch die AG „Kommunikation und Demokratie" des BdKom weiter ausgestaltet. Sie unterstützt Kommunikationsverantwortliche dabei, demokratische Fragestellungen in ihre Arbeit einzubeziehen und den Umgang damit professionell zu reflektieren (kom.de 2024). Insgesamt zeigt die Verbandsarbeit, dass professionelle Kommunikatorinnen und Kommunikatoren ihre Rolle zunehmend über die klassische Produkt- und Unternehmenskommunikation hinaus verstehen und Kommunikation als Teil öffentlicher Diskurse begreifen, in denen auch Fragen demokratischer Ordnung und gesellschaftlicher Verantwortung aktiv verhandelt werden.

Ein Blick auf aktuelle Studien wie den „Monitor Unternehmensengagement 2025" des Stifterverbandes zeigt, dass sich die Rolle von Unternehmen im gesellschaftlichen Raum weiter verändert. Im Vergleich zur Erhebung von 2018 zeigt sich ein insgesamt stabiles, zugleich aber in einzelnen Bereichen rückläufiges Bild des Unternehmensengagements. Geldspenden bleiben mit 88 % konstant der am weitesten verbreitete Engagementtyp. Andere Formen verlieren jedoch an Reichweite: Sachspenden sinken von 79 auf 75 %, Freistellungen von 69 auf 63 % und die Überlassung von Infrastruktur von 60 auf 55 %. Besonders deutlich ist der Rückgang bei Unternehmensstiftungen, deren Anteil von 17 auf 6 % fällt. Überraschend ist zudem, dass auch öffentlich sichtbare Unterstützungsbekundungen – etwa symbolische Aktionen zugunsten gemeinnütziger Zwecke – abnehmen: Der Anteil der Unternehmen, die auf diese Weise Flagge zeigen, sank von 52 auf 47 % (Schubert und Kuhn 2025).

Thematisch verschiebt sich der Fokus ebenfalls. Neben traditionellen Bereichen wie Sport oder Bildung gewinnen Engagementfelder an Bedeutung, die auf aktuelle gesellschaftliche Herausforderungen reagieren – etwa Klimaschutz oder der Bevölkerungs- und Katastrophenschutz, der zuletzt deutlich häufiger adressiert wurde. Zugleich wird Engagement stärker mit personalpolitischen Motiven verknüpft. Unternehmen verbinden ihre Aktivitäten nicht nur mit Sichtbarkeit nach außen, sondern zunehmend auch mit der Frage, wie sie ihre Attraktivität als Arbeitgeber erhöhen, Mitarbeitende binden oder deren Kompetenzen weiterentwickeln können. Gleichzeitig bleibt die Bereitschaft zu offener politischer Positionierung begrenzt: Zwar befürwortet die Mehrheit ein öffentliches Bekenntnis zu demokratischen Werten, doch konkrete Stellungnahmen werden – auch aus Sorge vor geschäftlichen Risiken – nur von einem Teil der Unternehmen umgesetzt. Insgesamt zeigen die Befunde, dass gesellschaftliches Engagement nicht mehr allein als freiwillige Zusatzaktivität verstanden wird, sondern zunehmend in grundlegende strategische Überlegungen einfließt und damit die Frage aufwirft, welchen Nutzen solches Engagement für das einzelne Unternehmen tatsächlich entfalten kann.

1.2.4 Erkenntnisse aus der Forschung: Wie sehr lohnt sich gesellschaftliches und politisches Engagement für ein Unternehmen?

Die Frage, ob und in welchem Ausmaß sich gesellschaftliches und politisches Engagement für eine Firma auszahlen kann, zählt zu den wichtigsten und aus Sicht der Unternehmen spannendsten Forschungsfragen. Corporate Activism wird nämlich keineswegs automatisch zum wirtschaftlichen Erfolgsfaktor, wie der Fall des Unternehmens Budweiser und der Marke Bud Light zeigen kann.

Als die Marke Anfang April 2023 mit der Transgender-Influencerin Dylan Mulvaney kooperierte, die auf TikTok mehr als elf Millionen und auf Instagram rund 1,7 Mio. Follower erreicht, wollte sie ein Signal für Diversität senden und sich für jüngere Zielgruppen modernisieren. Tatsächlich löste die Aktion jedoch einen massiven konservativen Boykott aus, nachdem Mulvaney den Jahrestag ihrer Geschlechtsanpassung mit einer personalisierten Bud-Light-Dose öffentlich gefeiert hatte. In kurzer Zeit brach der Absatz ein, die Marke verlor ihre Spitzenposition im US-Biermarkt und der Börsenwert des Mutterkonzerns sank zeitweise um rund 27 Mrd. Dollar (Esch und Esch 2024).

Studien, die diesen Fall ausgewertet haben, verweisen vor allem auf zwei Mechanismen: Zum einen wurde die Passung zwischen Marke und Influencerin von Teilen der Stammkundschaft als gering und wenig authentisch wahrgenommen, was Ablehnung und Distanzierung begünstigte. Zum anderen reagierte das Unternehmen kommunikativ zu spät und unentschlossen: Der Rückzug der Kampagne und die öffentlich formulierte Distanzierung mit dem Hinweis, man wolle „nie Teil einer Diskussion sein, die Menschen spalte“, verstimmte nicht nur konservative Kundinnen und Kunden, sondern auch die LGBTQ-Community. Einige Bars der Szene nahmen Bud Light daraufhin sogar vollständig aus dem Sortiment (Esch und Esch 2024). Damit gilt Bud Light heute als Beispiel dafür, dass Corporate Activism hohe Risiken birgt, wenn Zielgruppen, Markenidentität und gesellschaftliche Polarisierung nicht sorgfältig berücksichtigt werden.

Eine im Fachjournal Journal of Promotion Management veröffentlichte Untersuchung zeigt, warum die Kooperation so konfliktträchtig wurde (Lim und Ciszek 2024). Die Autorinnen analysierten auf Basis einer Online-Befragung von 687 erwachsenen US-Konsumenten, wie die Wahrnehmung von Fit und Authentizität im Rahmen der sogenannten Match-Up-Hypothese das Urteil über die Bud-Light-Kampagne beeinflusste. Die Ergebnisse verdeutlichen, dass nicht der Influencer allein über den Erfolg einer solchen Maßnahme entscheidet, sondern vor allem die Frage, ob die Zusammenarbeit als glaubwürdig erlebt wird. Wahrgenommene Authentizität wirkt dabei als vermittelnder Faktor: Erst wenn der Fit zwischen Marke und Influencer überzeugend erscheint, wird auch die Aktivierung positiver Konsumentenreaktionen möglich. Zugleich zeigt die Studie, dass diese Effekte stark von der individuellen Haltung der Befragten zu transgender Personen abhängen. In einem hochpolarisierten Umfeld reicht ein gut gemeintes Zeichen der Diversität also nicht aus – ohne glaubwürdige Passung und ohne Rücksicht auf die Wertorientierungen zentraler Zielgruppen kann Corporate Activism seine Wirkung verfehlen oder sogar ins Gegenteil kippen.

Eine weitere, im Journal of Public Relations Research erschienene Untersuchung vertieft diese Perspektive, indem sie die Krise aus der Sicht der Krisenkommunikation untersucht (Damiano et al. 2025). Auf der Grundlage von insgesamt 20.000 X/Twitter-Beiträgen aus drei Phasen der Auseinandersetzung – der unmittelbaren Reaktion im Frühjahr 2023, der Phase des ‚Damage Control‘ im Sommer und der Image-Restoration-Maßnahmen im Winter 2024 – sowie einer ergänzenden Befragung von 135 Personen wird deutlich, dass die Einschätzung der Krisenstrategie stark von politischen Einstellungen, ethnischer Zugehörigkeit und sexueller Orientierung geprägt ist. Entscheidend ist dabei ein weiterer Befund: Zwar waren viele Nutzerinnen und Nutzer mit den jeweiligen Kommunikationsmaßnahmen moderat vertraut, doch die Bewertung ihrer Wirksamkeit korrelierte eng mit dem eigenen Kaufverhalten im Verlauf des Jahres 2023. Damit zeigt die Studie, wie sehr Corporate Activism und anschließendes Krisenmanagement in politisierten Kontexten an individuelle Wertbindungen rückgekoppelt sind. Für Unternehmen bedeutet das, dass nicht nur der aktivistische Impuls, sondern auch der kommunikative Umgang mit Gegenreaktionen in hochdiversen Zielgruppen neue Bruchlinien erzeugen kann.

Corporate Activism wirkt also als komplexe Maßnahme in einem komplexen System. Wirkungen und Erfolge lassen sich nicht einfach messen und vorhersehen. Dementsprechend ist die Kommunikations- und Marketingforschung zurückhaltend, wenn es darum geht, den Erfolg von Corporate Activism zu bewerten, und betont, dass die Strategie ein „zweischneidige[s] Schwert" (Esch und Esch 2024) sei, weil „bei gesellschaftskritischen Kontroversen noch kein Konsens darüber besteht, was es heißt, das Richtige zu tun" (Esch und Esch 2024).

Eine Reihe empirischer Studien bestätigt diese Vorsicht, indem sie zeigt, wie asymmetrisch Konsumentinnen und Konsumenten auf gesellschaftspolitische Positionierungen reagieren: Wenn Menschen der Position der Marke widersprechen, sinkt ihre Markenhaltung meist deutlich; wer der Position zustimmt, reagiert dagegen kaum positiver (Mukherjee und Althuizen 2020).

Dieses Muster betrifft nicht nur Einstellungen, sondern auch Verhaltensabsichten und tatsächliche Kaufentscheidungen. Gleichzeitig wird deutlich, dass die negative Reaktion abgeschwächt wird, wenn die Positionierung als weniger eng mit der Marke verknüpft wahrgenommen wird und Konsumentinnen und Konsumenten Marke und Haltung moralisch trennen können. Besonders heikel wird es, wenn eine Marke nach einer Gegenreaktion öffentlich zurückrudert: Studien zeigen, dass ein solches Zurücknehmen der Position sowohl Befürworter als auch Gegner enttäuscht und die Markenbewertung beider Gruppen verschlechtert (Mukherjee und Althuizen 2020). Corporate Activism ist damit eine Strategie, die hohe normative Erwartungen weckt und deren Erfolg maßgeblich davon abhängt, wie konsequent, glaubwürdig und kontextsensibel sie kommuniziert wird.

In dieselbe Richtung weist eine frühere experimentelle Untersuchung (Dodd und Supa 2014), die den Zusammenhang zwischen politischer Positionierung und ökonomischer Wirkung noch einmal deutlicher herausarbeitet. Auch die Autoren dieser Studie können zeigen, dass es weniger die Stärke oder Sichtbarkeit eines gesellschaftspolitischen Engagements ist, die über Kauf- oder Abstinenzimpulse entscheidet, sondern vor allem die Passung zwischen der Haltung des Unternehmens und den eigenen Überzeugungen der Konsumentinnen und Konsumenten. In ihrem Experiment, in dem Unternehmen mit klaren Positionen zu kontroversen Themen wie gleichgeschlechtlicher Ehe, Gesundheitsreform oder Verhütungsmethoden konfrontiert wurden, stieg die Kaufabsicht nur bei jenen Teilnehmenden, deren persönliche Einstellungen mit den Positionen der Marke übereinstimmten. Wer der Haltung des Unternehmens widersprach, reduzierte dagegen deutlich seine Kaufbereitschaft. Damit belegen auch diese Ergebnisse ein systematisches Muster: Corporate Activism wirkt nicht als neutrale Kommunikation, sondern als Ausdruck moralischer Positionierung – und wird genau so rezipiert. Für Unternehmen bedeutet das, dass der ökonomische Erfolg gesellschaftlicher Stellungnahmen im

Kern von der ideologischen Nähe oder Distanz ihrer Zielgruppen abhängt. Corporate Activism kann demnach ökonomisch sinnvoll sein, wenn die angesprochenen Werte in der eigenen Kundschaft verankert sind – und er kann spürbare Schäden verursachen, wenn dies nicht der Fall ist.

Gerade in polarisierten gesellschaftlichen Kontexten reagieren Konsumentinnen und Konsumenten sensibel auf mögliche Diskrepanzen zwischen behaupteten Werten und tatsächlichem Verhalten. Je authentischer ein Unternehmen in seinem Engagement erscheint, desto eher werden aktivistische Maßnahmen als legitim und akzeptabel bewertet. Diese Studien zeigen zugleich, dass Authentizität nicht als kommunikatives Etikett funktioniert, sondern als erlebte Übereinstimmung zwischen dem, was ein Unternehmen tut, und dem, wofür es stehen will (Villagra et al. 2025).

2 Was ist Corporate Activism? Begriff, Herkunft und Abgrenzung

Zusammenfassung Dieses Kapitel entwickelt eine begriffliche und theoretische Grundlegung des Corporate Activism, indem es den Fokus auf den zweiten Wortbestandteil – den Aktivismus – richtet. Aktivismus wird dabei als bewusstes, risikobehaftetes und oft konflikthaftes Eingreifen in gesellschaftliche Diskurse verstanden, das weit über kommunikative Routinen und klassische CSR hinausgeht. Die historische Betrachtung zeigt, dass der Begriff Aktivismus selbst eine vielschichtige, politisch aufgeladene und über die Jahrzehnte mehrfach gewandelte Bedeutung besitzt. Diese semantische Offenheit prägt die Unschärfe des Corporate-Activism-Begriffs bis heute. Entscheidend ist das Moment des Handelns: Unternehmen werden erst dann zu aktivistischen Akteuren, wenn kommunikative Stellungnahmen durch konsistente Entscheidungen, Praktiken und Ressourcen hinterlegt sind. Genau hier liegt auch die Relevanz des Wokewashing-Vorwurfs, der die Glaubwürdigkeit aktivistischer Positionierungen an die Umsetzung im organisationalen Verhalten koppelt. Vor diesem begrifflichen Hintergrund zeichnet das Kapitel die Entwicklungslinien des Corporate Activism nach – von frühen interpretationsorientierten Ansätzen der Public Affairs über die CSR-Debatte bis hin zur heutigen, stärker politisierten Form unternehmerischen Engagements. Während CSR sich auf konsensfähige und risikoarme Themen konzentriert, betont Corporate Activism die Bereitschaft zur Positionierung in kontroversen gesellschaftlichen Feldern. Zentral ist die Unterscheidung zwi-

L.-P. Linke, *Corporate Activism: Wenn Unternehmen sich engagieren*, essentials, https://doi.org/10.1007/978-3-658-50934-7_2

schen progressivem und regressivem Aktivismus, wie sie vor allem Kotler und Sarkar geprägt haben. Das Kapitel zeigt jedoch deutlich die analytischen Grenzen solcher Einteilungen: Ideologische Zuschreibungen, moralische Wertungen und die fehlende zeitliche Perspektive erschweren eine trennscharfe Klassifikation. Beispiele wie Nike oder Patagonia verdeutlichen, dass die Authentizität aktivistischer Unternehmenspraktiken nicht aus ihrer politischen Richtung entsteht, sondern aus ihrer Konsistenz mit dem organisationalen Selbstverständnis. Abschließend wird Corporate Activism als Dachbegriff gefasst, unter dem unterschiedliche Akteursebenen wirken – Marken, Shareholder, CEOs, Mitarbeitende und Konsumenten. Diese Konzeption erlaubt, Corporate Activism nicht als eindimensionales Kommunikationsphänomen zu betrachten, sondern als ein Geflecht heterogener Handlungsformen, die jeweils eigene Logiken, Risiken und Wirkmechanismen besitzen.

2.1 Auf die Tat kommt es an: Kein Activism ohne organisationales Verhalten

Wenn Vorstände Polit-Talkshow-Einladungen annehmen, Unternehmen für den Regenwald spenden oder dazu aufrufen, bestimmte politische Parteien nicht zu wählen: Ist das alles in gleichem Maße Corporate Activism? Der Begriff ist weit gefasst, schillernd und unscharf. In Forschung und Praxis wird er zur Beschreibung verschiedener Phänomene benutzt.

Eine präzise und zugleich ausdrucksstarke Definition von Corporate Activism gewinnt man vor allem dann, wenn der Blick konsequent auf den zweiten Bestandteil der Wortkombination fällt: Activism beziehungsweise Aktivismus. Erst diese begriffliche Verschiebung ermöglicht eine klare Abgrenzung gegenüber etablierten Formen der Unternehmenskommunikation oder des Corporate Behaviors. Während Kommunikation häufig bei Botschaften stehenbleibt und Verhalten sich auch in routinisierten, wenig risikobehafteten Maßnahmen erschöpfen kann, verweist Aktivismus auf etwas grundsätzlich anderes: auf ein aktives, bewusstes und oft konflikthaftes Eingreifen in gesellschaftliche oder politische Diskurse. Genau in diesem Verständnis des Aktivismus liegt der Schlüssel dazu, Corporate Activism theoretisch trennscharf zu fassen und seine Besonderheit im Feld unternehmerischer Öffentlichkeitsarbeit zu bestimmen.

Kein Aktivismus ohne Aktivisten oder Aktivistinnen. Als Aktivist oder Aktivistin gilt, wer sich gezielt für gesellschaftliche, politische oder ökologische Anliegen einsetzt – etwa für Frieden, Klimaschutz oder den Schutz von Tieren und Privatsphäre. Dieses Engagement kann sich in sehr unterschiedlichen Formen äußern: durch Aufklärungsarbeit, öffentliche Stellungnahmen, Petitionen, Demonstrationen oder Beiträge in sozialen Medien. Aktivismus kann individuell erfolgen oder eingebettet in NGOs wie Amnesty International, Greenpeace oder PETA sowie in sozialen Bewegungen wie Fridays for Future. Inhaltlich kann er sich auf eigene Lebensumstände beziehen oder auf Missstände, die andere betreffen (Bendel 2022). Podnar und Golob definieren Aktivismus als „a process by which individuals, groups, or institutions exert pressure on other individuals, organisations, or institutions to change policies, practices, or conditions that they perceive as problematic or unacceptable, with the aim of bringing about change in society for the greater good" (Podnar und Golob 2024)

Der Begriff Aktivismus hat im Laufe der Zeit mehrfach seine Bedeutung gewechselt. Ursprünglich stand er für eine literarische und politische Haltung des aktiven Eingreifens. In der DDR bezeichnete Aktivist später vor allem besonders leistungsbereite Arbeiter. Mit dem Ende des Kommunismus verschwand diese Bedeutung, und der Begriff kehrte zu seiner politischen Lesart zurück. Seit den 1990er-Jahren nutzen Medien ihn zunehmend für sehr unterschiedliche Gruppen, vom Umwelt- und Menschenrechtsengagement bis zu nationalistischen Bewegungen. Besonders während des Arabischen Frühlings gewann Aktivist als bewusst unscharfer Sammelbegriff große Verbreitung, weil er komplexe politische Gemengelagen benennen konnte, ohne sie eindeutig ideologisch einzuordnen (Heine 2014).

Der Journalist Matthias Heine weist darauf hin, dass sich für solche uneindeutigen Konstellationen der Begriff Aktivist anbietet. Er ist offener und weniger klar ideologisch verortet als Begriffe wie ‚Revolutionär' und bildet damit besser jene politischen Bewegungen ab, die sich sprachlich nicht eindeutig fassen lassen (Heine 2014).

Die begriffliche Unschärfe von Corporate Activism lässt sich auf die historische und semantische Vieldeutigkeit des Aktivismus selbst zurückführen. Aktivismus bezeichnet weit mehr als eine Haltung oder normative Orientierung – etwa zugunsten von Klimaschutz oder demokratischen Werten. Im Zentrum steht das konkrete Handeln, das sichtbare Bekennen zu einer Position. Genau hier setzt die begriffliche Diskussion an: Sie berührt die Frage, inwieweit unternehmerisches Kommunizieren – ob in Form von PR, Marketing oder strategischer Öffentlichkeitsarbeit – als tatsächliche Handlung verstanden werden kann und nicht lediglich als verbales Bekenntnis.

Vor diesem Hintergrund gewinnt auch der Vorwurf des Wokewashing an Bedeutung. Er beschreibt die Spannung, die entsteht, wenn Unternehmen öffentlich eine werteorientierte Haltung kommunizieren, diese jedoch nicht durch entsprechendes Verhalten absichern. Anspruchsgruppen erwarten heute, dass sich aktivistische Botschaften im tatsächlichen Handeln, in den internen Praktiken und in den gelebten Werten eines Unternehmens widerspiegeln. Wo dieser Zusammenhang fehlt, wirkt das Engagement schnell instrumentell. Wokewashing bezeichnet genau diese Entkopplung von Aussage und Verhalten – und markiert damit einen zentralen Prüfstein für die Glaubwürdigkeit von Corporate Activism (Vredenburg et al. 2020).

Auch wenn der Begriff des Corporate Activism vor allem seit den 2010er-Jahren in Wissenschaft, Publizistik und Management gebräuchlich ist, liegt sein Ursprung viel weiter zurück. Interessanterweise wurde der Begriffe Ende des zwanzigsten Jahrhunderts nicht als Ausdruck von Haltung verstanden, sondern eher als Technik der Unternehmenskommunikation der Public Affairs.

Der Ratgeber „The New Corporate Activism: Harnessing the Power of Grassroots Tactics for Your Organization" von Edward A Grefe und Martin Linsky verstand 1995 unter Corporate Activism vor allem die Anwendung von Techniken, die Bürgerrechts- und Umweltschutzbewegungen in den USA zum Erfolg verholfen haben (Grefe und Linsky 1995). Das Buch skizziert einen Ansatz, der demokratische Prinzipien, psychologische Erkenntnisse, Formen basisorientierter Mobilisierung und digitale Technologien miteinander verbindet. Im Mittelpunkt steht für die Autoren die Frage, wie politische Einflussnahme auf öffentliche Debatten gestaltet werden kann, die für eine Organisation relevant sind. Ziel ist es, Handlungsoptionen aufzuzeigen, mit denen sich Beteiligungs- und Entscheidungsprozesse im öffentlichen Raum wirksam unterstützen lassen. Das „Wie" des Aktivismus stand hier also stärker im Fokus als das „Was" der Haltung und ethischen Normen. Die organisatorische Zuordnung lag eindeutig im Bereich der Corporate Communication.

2.2 CSR als Vorläufer von Corporate Activism

Der Aufstieg von Corporate Activism als Begriff, analytisches Konzept und strategischer Ansatz lässt sich auf die frühen 2020er-Jahre datieren. Besonders prägend war dabei die Arbeit des Marketingspezialisten Philip Kotler, der gemeinsam mit Christian Sarkar den Diskurs entscheidend belebte. Mit ihrem Verständnis von Brand Activism rückten Sarkar und Kotler die marketingstrategische Perspektive in den Vordergrund und trugen maßgeblich dazu bei, das Thema in Wissenschaft und Praxis sichtbar zu machen.

„Brands are expected to solve, not aggravate, the world's biggest problems" (Sarkar und Kotler 2020). Mit diesem emotionalen Credo beziehen die Autoren selbst Stellung jenseits wissenschaftlicher Neutralität und Sachlichkeit: Für sie ist klar, dass Unternehmen sich in einem zunehmend polarisierten Umfeld bewegen. Neutralität sei unter diesen Bedingungen eine kaum noch ausreichende Position. Welche gesellschaftlichen Themen für ein Unternehmen relevant werden, entstehe dabei weniger im Vorstandszimmer als im Zusammenspiel mit Kundinnen und Kunden, Mitarbeitenden und einer breiteren Öffentlichkeit (Sarkar und Kotler 2020).

Vor allem jüngere Generationen – die so oft beschworene und beschriebene Generation Z – artikulieren ihre Erwartungen immer deutlicher, nicht nur über soziale Medien, sondern auch durch öffentliches Engagement. Diese Dynamik erhöhe den Druck auf Unternehmen, gesellschaftliche Fragen nicht nur wahrzunehmen, sondern sich in ausgewählten Feldern erkennbar zu positionieren.

Wie andere Autoren betrachten auch Kotler und Sarkar Corporate Social Responsibility als eine inhaltliche und teilweise auch zeitliche Vorstufe zu Corporate Activism.

CSR lässt sich – in Anlehnung an die einschlägige Forschung – als unternehmerisches Handeln verstehen, das auf die Förderung gesellschaftlicher Belange abzielt und damit über gesetzliche Anforderungen sowie unmittelbare wirtschaftliche Interessen hinausgeht. Dabei agieren Unternehmen in einem institutionellen Umfeld, das Erwartungen formuliert und Legitimität verleiht. In diesem Rahmen reagieren Organisationen auf normative Vorgaben, die von internen wie externen Anspruchsgruppen ausgehen, und vermeiden bewusst Verhalten, das diesen Gruppen schadet. CSR ist somit Ausdruck eines verantwortungsorientierten Selbstverständnisses, das sowohl präventiv wirken als auch auf bestehende gesellschaftliche Problemlagen reagieren kann (Eilert und Cherup 2020). Im Unterschied dazu zeichnet sich Corporate Activism durch eine ungleich deutlichere und öffentlich sichtbare Positionierung aus, die auch kontroverse Themen einschließen kann und damit ein deutlich höheres Risiko birgt.

Beispiele für CSR finden sich in vielen Unternehmensbereichen. Häufig engagieren sich Unternehmen in ökologischen Programmen, etwa durch Maßnahmen zur Reduktion von Emissionen, Investitionen in energieeffiziente Produktionsprozesse oder die Förderung nachhaltiger Lieferketten. Ebenso verbreitet sind soziale Initiativen wie Spendenprogramme, Corporate Volunteering oder Kooperationen mit gemeinnützigen Organisationen, die auf die Unterstützung lokaler Gemeinschaften abzielen. Auch interne Maßnahmen – beispielsweise die Einführung diversitätsorientierter Personalstrategien, Familienfreundlichkeit oder umfassende Weiterbildungsprogramme – werden dem Bereich der CSR zugerechnet, da sie auf die Verbesserung der Arbeits- und Lebensbedingungen von Mitarbeitenden zielen. Schließlich umfasst CSR oftmals auch wirtschaftlich-ethische Praktiken wie transparente Berichterstattung, verantwortungsvolle Unternehmensführung oder die Einhaltung internationaler Standards entlang globaler Wertschöpfungsketten.

Diese Beispiele illustrieren, dass CSR typischerweise konsensfähige Themen adressiert und damit weniger konfliktträchtig ist als der deutlich politisiertere Corporate Activism.

2.3 Progressiver und Regressiver Aktivismus

Sarkar und Kotler sprechen von ‚Brand Activism', verstehen ihren Ansatz aber als unternehmensübergreifende Aktivität, der alle Unternehmensbereiche einbezieht: „Brand activism is different because it is driven by a fundamental concern for the bigger and most urgent problems facing society" (Sarkar und Kotler 2020).

Aus der Perspektive Kotlers und Sarkars erhält ein werteorientiertes Unternehmen seine inhaltliche Substanz erst durch die konsequente Berücksichtigung gesellschaftlicher Erwartungen. Werteorientierung lässt sich ihrem Verständnis nach nicht von den sozialen Kontexten trennen, in denen ein Unternehmen agiert. Die relevanten Anspruchsgruppen – Mitarbeitende, Kundinnen und Kunden sowie die Gemeinschaften, in denen wirtschaftliche Tätigkeit stattfindet – bestimmen wesentlich, welche Themen an Bedeutung gewinnen. Vor diesem Hintergrund betonen die Autoren, dass die Glaubwürdigkeit eines Unternehmens nicht primär aus seiner Selbstbeschreibung entsteht, sondern aus der Übersetzung der Werte in überprüfbare Entscheidungen und Handlungsformen – oder in Worten Sarkars und Kotlers: „The proof is what you do, not what you say" (Sarkar und Kotler 2020).

So kommen sie zu folgender Definition für Corporate Activism (in ihren Worten: Brand Activism) (eigene Übersetzung):

> „… unternehmerische Aktivitäten, die darauf abzielen, soziale, politische, ökonomische oder ökologische Reformen oder deren Ausbleiben zu fördern, zu verhindern oder zu beeinflussen – mit dem erklärten Ziel, gesellschaftliche Entwicklungen voranzubringen oder aufzuhalten."

Diese Definition wird oft herangezogen und findet sich als Ausgangspunkt vieler Untersuchungen zu Corporate Activism, das sich in einer Kurzversion auch als „Einnahme einer nicht-neutralen Position zu einer kontroversen Frage" beschreiben lässt („taking a nonneutral stance on a controversial matter" (Vredenburg et al. 2020)).

Die Kontroverse gehört also zu Corporate Activism wie das Risiko zum unternehmerischen Handeln insgesamt. Die Unterstützung eines Kindergartens vor Ort,

Aktionen zum Stromsparen und Einladungen an Kinder der Mitarbeiterinnen und Mitarbeiter. Ohne die Bereitschaft, auf gesellschaftlich umstrittene Themen zu reagieren und eine nicht neutrale Position einzunehmen, verliert Corporate Activism seine definitorische Schärfe und unterscheidet sich kaum noch von konsensorientierter CSR. Kontroversität ist damit kein Nebenprodukt, sondern ein strukturelles Merkmal: Sie markiert den Punkt, an dem ein Unternehmen sichtbar Stellung bezieht und sich mit möglichen Reaktionen aus seinem Umfeld – positiven wie negativen – auseinandersetzen muss.

Viele Beispiele für Corporate Activism – etwa Engagement für Demokratie und Menschenrechte, Gleichberechtigung, Diversität oder die Unterstützung von LGBTQ-Rechten – lassen sich dem linksliberalen Meinungsspektrum zuordnen. Daneben existieren jedoch weitere Formen, die sich außerhalb dieses Bereichs verorten. Dazu zählen Positionierungen zu wirtschafts- und steuerpolitischen Fragen, das Eintreten für bestimmte arbeitsmarkt- oder bildungspolitische Modelle, Stellungnahmen zur Energie- und Infrastrukturpolitik oder öffentlich vertretene Einschätzungen zu Fragen der nationalen Sicherheit und Regulierung. Einige Autorinnen und Autoren weisen zudem darauf hin, dass Corporate Activism nicht zwangsläufig progressive Positionen voraussetzt. Entscheidend ist weniger die ideologische Richtung als vielmehr der Zusammenhang zwischen öffentlicher Positionierung und den grundlegenden Wertorientierungen eines Unternehmens (Vredenburg et al. 2020). Aus dieser Perspektive kann auch eine konservative Ausrichtung als authentischer Corporate Activism gelten, sofern die kommunizierten Botschaften mit dem organisationalen Selbstverständnis und den entsprechenden Praktiken übereinstimmen.

Als häufig angeführtes Beispiel gilt das US-amerikanische Unternehmen Chick-fil-A, das sich auf Grundlage eines ausdrücklich christlich-konservativen Wertekanons positioniert. Die geschäftspolitischen Entscheidungen – darunter die Schließung aller Filialen an Sonntagen sowie finanzielle Unterstützungen von Organisationen, die traditionelle Familien- und Ehemodelle vertreten – entsprechen diesem Wertegerüst und werden kommunikativ konsistent begleitet. In dieser Kongruenz von Überzeugungen, Verhalten und öffentlicher Stellungnahme sehen die Autoren ein zentrales Kriterium für die Einordnung als authentischen Corporate Activism, unabhängig davon, ob dessen Inhalte als progressiv oder konservativ einzustufen sind (Vredenburg et al. 2020).

Auch Sarkar und Kotler betonen, dass Corporate Activism sowohl progressiv auch als regressiv sein kann. Ihr Einteilung der Unternehmen in „regressiv" oder „progressiv" bleibt allerdings unscharf und subjektiv:

Als Beispiel für rückwärtsgewandten Aktivismus führen Sarkar und Kotler die Tabakindustrie an. Über Jahre hätten große Hersteller gesundheitliche Risiken bestritten, obwohl interne Untersuchungen entsprechende Befunde längst bestätigt hätten, und zugleich mit vermeintlichen Vorteilen des Rauchens geworben. In ähnlicher Weise zählen sie auch Unternehmen zu Brand Activists, die politische Entscheidungsträger zugunsten solcher regressiven Positionen beeinflussen. Auf der progressiven Seite verweisen die Autoren hingegen auf Unternehmen, die sich erkennbar mit großen gesellschaftlichen Herausforderungen befassen und ihren unternehmerischen Zweck über die reine Gewinnerzielung hinaus definieren. Diese Unternehmen würden in ihren Branchen zunehmend als orientierungsgebend wahrgenommen (Sarkar und Kotler 2020).

Wie die Autoren erläutern, lässt sich die Einordnung unternehmerischer Positionierungen als „progressiv" oder „regressiv" unter anderem daran festmachen, wie sie im öffentlichen Meinungsbild verortet werden. Ein Ansatz besteht darin, auf repräsentative Umfragen zurückzugreifen. So verweisen sie beispielhaft auf aktuelle Onlinebefragungen, in denen Teilnehmende darüber abstimmen, welche politischen oder gesellschaftlichen Positionen sie als fortschrittlich oder rückschrittlich bewerten.

Als regressive Unternehmen verorten Kotler und Sarkar beispielsweise Konzerne, deren Verhalten aus ihrer Sicht gesellschaftlichen Fortschritt behindert. Dazu zählen Bayer, dem sie eine weitere Monopolisierung des Saatgut- und Chemiesektors zuschreiben, ExxonMobil, das über Jahrzehnte die öffentliche Wahrnehmung der Klimakrise verzerrt habe, sowie den Waffenhersteller Beretta (Sarkar und Kotler 2020).

Auf der progressiven Seite nennen die Autoren Marken wie Nike, Patagonia oder Ben & Jerry's, die sich wiederholt zu gesellschaftspolitischen Fragen positioniert haben. Darüber hinaus verweisen sie auf Unilever, das nicht nur umfangreiche Nachhaltigkeitsprogramme verfolgt, sondern sich auch bewusst gegen Investitionen in digitale Plattformen ausspricht, die gesellschaftliche Polarisierung verstärken könnten. Ebenso führen sie Levi Strauss an, das Maßnahmen zur Sensibilisierung gegenüber Waffengewalt unterstützt, sowie EY, das sich im Rahmen seines Programms zu „inclusive capitalism" für inklusivere Wirtschaftsstrukturen engagiert (Sarkar und Kotler 2020).

Bereits diese Aufzählung verdeutlicht die Grenzen des Einteilungsversuchs. Die genannten Beispiele sind kaum miteinander vergleichbar, und ihre Bewertung entzieht sich einfachen Kategorien. Wie ließe sich etwa der Einsatz für eine Sensibilisierung gegenüber Waffengewalt gegenüber umfangreichen Nachhaltigkeitsprogrammen gewichten? Hinzu kommt, dass belastbare Kriterien einer moralischen Bewertung weitgehend fehlen. Unklar bleibt, wer den Grad der Regressivität bestimmen könnte – sei es bei der Produktion von Waffen, beim anvisierten Aufbau marktbeherrschender Positionen im Saatgutbereich oder bei anderen kontroversen Geschäftspraktiken.

Zudem blendet diese Einteilung den zeitlichen Aspekt aus – ein zentrales Problem bei der Analyse und Bewertung von Corporate Activism. Unternehmenspositionierungen entfalten ihre Bedeutung nicht punktuell, sondern im Verlauf, sodass historische Entwicklungen, veränderte Rahmenbedingungen und langfristige Verhaltensmuster berücksichtigt werden müssen. Ohne diese zeitliche Perspektive bleibt jede Klassifikation notwendigerweise verkürzt.

So hat das Unternehmen The Body Shop, das Sarkar und Kotler in ihre Liste der progressiven Unternehmen aufgenommen haben, 2024 in Großbritannien Insolvenz anmelden müssen. Das Unternehmen Starbucks, das von Sarkar und Kotler 2020 für das Versprechen, bis 2022 10.000 Geflüchtete einzustellen, als progressiv eingestuft wurde, sah sich seitdem einer Vielzahl öffentlicher Vorwürfe ausgesetzt: 2024 reichte eine US-Verbraucherorganisation eine Klage ein, in der sie dem Unternehmen vorwarf, Kaffee von Farmen zu beziehen, bei denen Arbeits- und Menschenrechte verletzt worden seien – obwohl Starbucks eine ethische Beschaffung propagiert (Milman 2024). 2025 erhoben NGOs erneut schwere Vorwürfe und warfen Starbucks vor, von Zwangsarbeit und sklavenähnlichen Arbeitsbedingungen auf brasilianischen Kaffeeplantagen zu profitieren (Rogero 2025).

2.4 Handlungsdimensionen des Corporate Activism

Marketinglehrbücher haben Corporate Activism als Thema aufgenommen. So definiert das Handbuch zu „Strategie und Technik der Markenführung" von Esch & Esch in seiner zehnten Auflage Corporate Activism als „Stellungnahmen und Handlungen von Marken, die sich auf (gesellschafts)politisch relevante, oft kontrovers diskutierte Themen und/oder Personen beziehen" (Esch und Esch 2024).

Versteht man Marken, wie Esch und Esch (2024) vorschlagen, als Vorstellungsbilder in den Köpfen der Anspruchsgruppen, die Identifikation ermöglichen, Differenzierung herstellen und damit Wahlentscheidungen prägen, wird bereits die Vorstellung einer „Stellungnahme der Marke" theoretisch anspruchsvoll. Marken besitzen in diesem Verständnis keine Stimme im wörtlichen Sinne; sie entstehen erst in der Wahrnehmung und Interpretation durch Kundinnen und Kunden. Noch komplexer wird es, wenn Marken Handlungen zu gesellschafts- oder politikorientierten Themen zugeschrieben werden. Denn Handeln setzt Akteursfähigkeit (agency) voraus – eine Fähigkeit, die bei genauer Betrachtung nicht der Marke selbst, sondern den organisationalen Instanzen hinter ihr zukommt. Die Zuschreibung von politischem Verhalten an eine Marke verweist damit weniger auf das Markenbild als solches, sondern auf kommunikative und operative Entscheidungen der Organisation, die dieses Bild hervorbringt und stabilisiert.

Es erscheint deshalb sinnvoll, das Erkenntnisinteresse bei der Betrachtung von Corporate Activism vor allem auf das Handeln der Menschen, die mit einem Unternehmen und/oder einer Marke verbunden sind, zu betrachten. Handeln sei dabei ganz im Sinne Max Webers als „menschliches Verhalten (einerlei, ob äußeres oder innerliches Tun, Unterlassen oder Dulden)" (Weber 1980) verstanden. Soziales Handeln dementsprechend als Handeln, „welches seinem von dem oder den Handelnden gemeinten Sinn nach auf das Verhalten a n d e r e r [sic] bezogen wird und in seinem Ablauf orientiert ist" (Weber 1980).

Vor diesem Hintergrund wird Corporate Activism im Folgenden nach unterschiedlichen Akteursebenen beschrieben: als Dachbegriff für Brand Activism, Shareholder Activism, CEO Activism, Customer Activism und Employee Activism – jene Ebenen, die in der aktuellen Forschung besondere Aufmerksamkeit erhalten (siehe Abb. 2.1).

Diese Differenzierung erhebt keinen Anspruch auf Vollständigkeit, verdeutlicht jedoch, dass Corporate Activism nicht eine einzige Form von Engagement meint, sondern ein Geflecht unterschiedlicher Handlungsformen, die jeweils von spezifischen Akteursgruppen getragen werden. Auch Sarkar und Kotler operieren mit ei-

Abb. 2.1 Corporate Activism und seine unterschiedlichen Akteursebenen

nem solchen Ebenenverständnis: Ihr Konzept des umbrella term ‚brand activism' entspricht funktional der hier gewählten Perspektive auf Corporate Activism, unter dem sich weitere Domänen oder Kategorien systematisch einordnen lassen (Sarkar und Kotler 2020). Auch Podnar und Golob gehen von einem „Ökosystem organisationbezogener Aktivismen rund um Brand Activism" aus (Podnar und Golob 2024).

2.4.1 Brand Activism: Wenn Marken gesellschaftliche Konflikte zu ihrem Thema machen

In der Literatur wird Brand Activism zugleich als aufstrebende Marketingstrategie, als Positionierungsinstrument und als Weiterentwicklung der Corporate Social Responsibility verstanden. Unabhängig von der genauen begrifflichen Fassung bewegt sich Brand Activism immer in der Schnittmenge von Politik und Marketing. Marken mischen sich in kontroverse Themen ein, beziehen Position und setzen damit ein öffentliches Signal, das in Werbung, Social Media, Public Relations oder anderen sichtbaren Formen aufgegriffen wird (Cammarota et al. 2023).

Die Motive dafür können vielfältig sein, reichen aber häufig bis hin zur strategischen Differenzierung: Marken sehen in der Positionierung zu gesellschaftlichen Fragen die Chance, für unterschiedliche Stakeholdergruppen Wert zu erzeugen und sich im Wettbewerb zu unterscheiden. Wie Kunden, Kundinnen und andere Stakeholder auf entsprechende Kampagnen reagieren, lässt sich kaum verlässlich vorhersagen. Sie können Engagement einfordern, aber ebenso ablehnend reagieren, bis hin zu massiven Reputationsschäden oder Boykotten. Social Media wirkt dabei als Verstärker, beschleunigt die Reaktionen und verschärft mögliche Konsequenzen. Zentral ist deshalb die Frage der Wahrhaftigkeit: Aktivismus wird nur dann akzeptiert, wenn die Haltung einer Marke mit ihrem tatsächlichen Handeln übereinstimmt. Fehlt diese Authentizität, drohen Reaktanz und Vertrauensverlust (Cammarota et al. 2023).

In der Forschung wird zunehmend deutlich, dass politisches Engagement von Marken nicht einfach als kommunikative Entscheidung auf Programmebene entsteht, sondern eng mit den Wahrnehmungen und Bewertungsmustern jener Führungskräfte verbunden ist, die diese Entscheidungen verantworten.

Eine zentrale Analyse stammt von Christine Moorman, die aufzeigt, dass Marketingverantwortliche politische Positionierungen durch eine Reihe unterschiedlicher „lenses" betrachten – mentale Modelle, die in Unternehmen häufig unausgesprochen sind und dennoch erhebliche Wirkung entfalten. Dazu gehört die verbreitete Sorge, ein aktivistisches Statement könne als unauthentisch wahrgenommen werden und damit Kunden- oder Partnerbeziehungen gefährden, ebenso wie normative Vorstellungen, nach denen Unternehmen eine gesellschaftliche Pflicht zur Positionierung besitzen. Weitere Perspektiven entstehen aus der kulturellen Bedeutung bestimmter Marken, aus strategisch-kalkulativen Überlegungen zu Markt- und Wettbewerbsvorteilen, aus dem Selbstverständnis als Vermittler gesellschaftlicher Veränderung oder aus Unternehmensmissionen, die politisches Engagement bereits im Kern des Geschäftsmodells verankern (Moorman 2020).

Noch offen ist bislang die zentrale Frage, wer in den Unternehmen letztlich über Maßnahmen des Brand Activism entscheidet: ob diese Verantwortung primär bei der Unternehmensleitung liegt, im Marketing verortet ist oder stärker in den Kommunikationsbereichen wie Public Relations beziehungsweise Corporate Communications gebündelt wird. Ebenso wenig ist erforscht, ob sich hierfür spezifische Entscheidungs- und Umsetzungsmodelle herausbilden – ein Forschungsdesiderat, das angesichts der strategischen Bedeutung politischer Positionierungen zunehmend an Relevanz gewinnt.

Marken, die sich besonders konsequent als aktivistische Akteure inszenieren, werden in der Forschung als kritisch, ideologisch und transformativ beschrieben (Andersen und Johansen 2024). Kritisch sind sie insofern, als sie dominante kulturelle Normen und gesellschaftliche Konventionen hinterfragen und ihnen eine eigene Stimme entgegensetzen. Ideologisch sind sie, weil sie alternative Vorstellungen einer besseren, gerechteren oder nachhaltigeren Welt formulieren. Und sie sind transformativ, weil ihr Engagement nicht bei symbolischen Gesten stehen bleibt, sondern auf tatsächliche gesellschaftliche Veränderung abzielt (Andersen und Johansen 2024).

Als kulturelle, ideologische oder politische Objekte (Schroeder 2009) bewegen sich solche Marken bewusst in konflikthaften Themenfeldern und positionieren sich gegen dominante gesellschaftliche Narrative. Dadurch entstehen Dynamiken, die sich grundlegend von herkömmlichen Markenlogiken unterscheiden und ein vertieftes Verständnis der Aushandlungen, Widerstände und Gegenkräfte erfordern, die ein aktivistisches Markenbild prägen. Entscheidend ist, dass Marken in solchen Kontexten nicht nur wirtschaftliche Signale senden, sondern kulturelle Bedeutungen tragen, gesellschaftliche Wertvorstellungen aufgreifen und mitunter selbst zu ideologischen Referenzpunkten werden.

Aktivistische Marken arbeiten gezielt mit diesen symbolischen Ressourcen: Sie nutzen Bilder, Geschichten und kulturelle Codes, um ihre Positionen zu legitimieren und alternative Sichtweisen gesellschaftlicher Wirklichkeit vorzuschlagen.

Ein Beispiel dafür liefert Doves langjährige Auseinandersetzung mit Schönheitsnormen (German Brand Award kein Datum). Die Marke hinterfragt dominante kulturelle Vorstellungen von Körperbildern und etabliert durch ihre Kampagnen ein eigenes, normativ aufgeladenes Gegenmodell, das Konsum mit bestimmten

Haltungen zu Diversität und Selbstakzeptanz verknüpft. Genau in diesen kulturell aufgeladenen Bedeutungsräumen entfaltet sich jene Spannung zwischen strategischer Positionierung und öffentlicher Resonanz, die Brand Activism kennzeichnet: Eine Kommunikation, die im gesellschaftlichen Diskursraum interpretiert, bestätigt oder zurückgewiesen wird.

Mit dem Eintritt in die sozialen Medien verstärken sich diese Prozesse: Mit dem Eintritt in die sozialen Medien verstärken sich diese Prozesse: Brand Activism wird hier Teil kollaborativer und partizipativer Kommunikationslogiken, in denen Konsumentinnen und Konsumenten nicht nur auf Botschaften reagieren, sondern selbst zu aktiven Mitgestaltenden werden. Sie kommentieren, reinterpretieren und distribuieren markenbezogene Inhalte und tragen damit dazu bei, die Deutung einer aktivistischen Positionierung fortlaufend neu auszuhandeln. Dadurch entsteht eine dynamische Öffentlichkeit, in der sich Marken nicht allein über ihre eigenen Kampagnen positionieren, sondern immer auch über die Art und Weise, wie Nutzerinnen und Nutzer diese aufgreifen, bekräftigen, kritisieren oder in neue kulturelle Kontexte einbetten (Andersen und Johansen 2024).

Mit dieser Verschiebung hin zu partizipativer Kommunikation verändert sich zugleich, wie Konsumentinnen und Konsumenten auf aktivistische Marken reagieren. Forschung zeigt, dass Unterstützung für Brand Activism maßgeblich davon abhängt, in welchem Maß sich Menschen mit einer Marke identifizieren. Je stärker diese Identifikation ausgeprägt ist, desto eher werden aktivistische Kampagnen positiv aufgenommen (D'Arco et al. 2024).

Ausschlaggebend ist dabei nicht allein die Übereinstimmung zwischen den Werten einer Marke und den eigenen Wertvorstellungen, sondern die soziale Bindung, die aus dieser Wertkongruenz entsteht. Sie wirkt nicht direkt, sondern über das Gefühl der Zugehörigkeit – ein Mechanismus, der sowohl der Self-Congruity Theory (Sirgy 1985) als auch der Social Identity Theory (Tajfel 1974) entspricht. Diese Zusammenhänge verstärken sich, wenn Konsumentinnen und Konsumenten das Engagement einer Marke als authentisch erleben: Authentizität erhöht sowohl die Markenidentifikation als auch die Bereitschaft zur aktiven Unterstützung (D'Arco et al. 2024). Zugleich zeigt sich, dass politische Ideologien ein eigenständiger Einflussfaktor bleiben. Menschen neigen dazu, Marken zu unterstützen, deren politisches Engagement mit ihren eigenen Überzeugungen übereinstimmt, und solche abzulehnen, die als gegensätzlich empfunden werden. Bemerkenswert ist, dass selbst als authentisch wahrgenommener Aktivismus diese ideologischen Spannungen nur begrenzt auflösen kann. Damit wird deutlich, dass aktivistische Marken auf ein Publikum treffen, dessen Reaktionen durch Identifikation, Wertepassung, politische Überzeugungen und Authentizitätsurteile zugleich geprägt werden – ein Gefüge, das Zustimmung und Ablehnung gleichermaßen wahrscheinlich macht und die Vorhersehbarkeit von Resonanz deutlich einschränkt (D'Arco et al. 2024).

2.4.2 Shareholder Activism: Wenn Kapital Einfluss nimmt

Shareholder Activism bezeichnet eine Form des Kapitalmarkteinflusses, bei der spezialisierte Investorinnen und Investoren versuchen, zentrale Unternehmensentscheidungen im Sinne der Aktionärsinteressen zu beeinflussen.

In Deutschland hat diese Praxis in den vergangenen Jahren deutlich an Sichtbarkeit gewonnen. Oft halten aktivistisch agierende Investoren nur Minderheitsbeteiligungen, machen sich aber durch einen konfrontativen Stil, gezielte öffentliche Interventionen und intensive Mobilisierung weiterer Anteilseigner bemerkbar (Zwölfer und Lenk 2023). Sie adressieren strategische, finanzielle oder personelle Entscheidungen – etwa die Kapitalstruktur, die Besetzung von Vorstands- und Aufsichtsratspositionen oder Fragen der Vergütung – und erzwingen auf diesem Weg Veränderungen, die unmittelbar Wirkung entfalten können. Dass selbst große DAX-Konzerne diesem Einfluss nicht entzogen sind, belegt das Beispiel der Bayer AG, wo aktivistische Forderungen zur Ausgliederung von Geschäftsbereichen und zur Ablösung des Vorstandsvorsitzenden beitrugen (Zwölfer und Lenk 2023). Empirisch lässt sich nachweisen, dass aktivistische Kampagnen kurzfristig zu positiven Marktreaktionen führen: Im Durchschnitt verzeichnen betroffene Unternehmen abnormale Renditen von rund vier Prozent – ein Effekt, der sich auf Transaktions- und Informationseffekte zurückführen lässt (Zwölfer und Lenk 2023).

Inhaltlich kann sich Shareholder-Activism auf sämtliche Bereiche moderner Unternehmensführung beziehen, einschließlich Umwelt- und Sozialstandards oder Fragen verantwortungsvoller Governance. Besonders hervorgehoben wird in jüngerer Literatur der ESG-Aktivismus (ESG = Environmental, Social und Governance), der ökologische, soziale und führungskulturelle Aspekte adressiert (Klingebiel et al. 2025). Zwar überschneidet sich diese Form des Aktivismus mit bereits etablierten ESG-Strategien vieler Unternehmen, doch zeigt sich eine deutliche Zunahme entsprechender Interventionen sowie eine stärkere moralische Aufladung der Forderungen.

Zugleich wird die Debatte zunehmend kontroverser, da ESG-Aktivismus vermehrt auch auf Gegenbewegungen – etwa Anti-ESG-Kampagnen – trifft. Insgesamt verdeutlichen die Befunde, dass Shareholder Activism ein dynamisches und vielgestaltiges Feld bildet, das zwischen wertorientierten Forderungen, finanziellen Interessen und strategischen Einflussnahmen changiert und Unternehmen vor komplexe Herausforderungen stellt (Klingebiel et al. 2025).

Die wissenschaftliche Auseinandersetzung mit Shareholder Activism hat sich bislang vor allem auf ökonomische Effekte konzentriert. Im Zentrum standen die Auswirkungen aktivistischer Interventionen auf Aktienkurse, Renditen, Kapitalstrukturen und Wertsteigerungspotenziale von Unternehmen – Bereiche, die sich gut messen lassen und unmittelbare Rückschlüsse auf den Kapitalmarkt erlauben. Angesichts der Tatsache, dass Shareholder Activism – ebenso wie andere Formen des Corporate Activism – an Bedeutung gewinnt, bietet es sich jedoch an, das Phänomen in weiteren Dimensionen zu betrachten. Dazu gehören Fragen der Markenwahrnehmung und Reputation, die insbesondere dann relevant werden, wenn aktivistische Forderungen öffentlich verhandelt werden und das Vertrauen in ein Unternehmen beeinflussen können.

Ebenso lohnt es sich, den Einfluss solcher Interventionen auf Kommunikationsstrategien, interne Entscheidungsprozesse und die Rolle von CEOs in den Blick zu nehmen, die zunehmend gefordert sind, Stellung zu beziehen oder Veränderungen anzustoßen. Schließlich wäre auch die Dynamik zwischen aktivistischen und gegenläufigen, anti-aktivistischen Positionierungen ein fruchtbares Forschungsfeld – ein Spannungsraum, der in politischen wie wirtschaftlichen Kontexten an Kontur gewinnt und Rückwirkungen auf die strategische Ausrichtung von Unternehmen entfalten kann.

2.4.3 CEO Activism: Wenn Führungskräfte Stellung zur öffentlichen Sache beziehen

Ob auf einem Unternehmertag, in einer Talkshow oder mit Posts und Statements auf X, Instagram, LinkedIn oder YouTube: Immer öfter beziehen Führungskräfte öffentlich Stellung zu gesellschaftlichen, politischen oder ökologischen Fragen, die nicht unmittelbar mit dem Kerngeschäft ihres Unternehmens verbunden sind. Dieses Engagement untersucht die Forschung unter dem Stichwort „CEO Activism".

CEO Activism kann unterschiedliche Formen annehmen – vom klaren öffentlichen Bekenntnis bis hin zur bewussten Zurückhaltung. Durney, Johnson und Sinha bezeichnen Letzteres als CEO Inactivism und zeigen, dass beide Varianten Konsequenzen für Investorenentscheidungen haben können (Durney et al. 2025). Sie konnten mit experimentellen Studien nachweisen, dass Investoren und Investorinnen ein Unternehmen stärker unterstützen, wenn die Position eines CEOs mit ihren eigenen Überzeugungen übereinstimmt. Zugleich verdeutlichen die Autoren, dass auch Schweigen strategisch wirksam sein kann: Wenn CEOs keine Position beziehen, neigen viele Investoren dazu, deren Sichtweise als mit der eigenen kompatibel zu interpretieren – ein Befund, der die Ambivalenz des öffentlichen Schweigens im Kontext politisierter Erwartungen unterstreicht (Durney et al. 2025).

Parallel zur ökonomischen Wirkung interessiert zunehmend die Frage, wie CEO Activism gesellschaftlich wirkt. Hou und Poliquin betonen, dass CEOs heute verstärkt zu Themen sprechen, die weit über wirtschaftliche Belange hinausreichen – von Waffengesetzen über Wahlrechtsreformen bis hin zu LGBTQ-Rechten (Hou und Poliquin 2025). Während frühere Forschung Unternehmen vor allem als Zielscheibe gesellschaftlicher Forderungen betrachtete, rücken neue Studien stärker die Rolle von CEOs als Akteure und Akteurinnen in öffentlichen Aushandlungsprozessen in den Fokus. Die Autoren argumentieren, dass CEO-Statements politisches Engagement der Bevölkerung beeinflussen können, etwa indem sie Menschen mobilisieren oder ihre Teilnahme an demokratischen Prozessen verstärken. Dabei verweisen sie darauf, dass viele CEOs ihre Motivation nicht primär in ökonomischen Zielen verorten, sondern in einem persönlichen Anspruch, gesellschaftlich Verantwortung zu übernehmen (Hou und Poliquin 2025).

Zugleich zeigen empirische Untersuchungen, dass die Grenzen dieser Einflusskraft deutlich sind. Chatterji und Toffel verdeutlichen anhand experimenteller Befunde, dass die Wirksamkeit von CEO-Statements stark vom Thema und seiner politischen Aufladung abhängt (Chatterji und Toffel 2019). Während Aussagen zu wenig polarisierten Fragen tatsächlich öffentliche Meinungen beeinflussen können, zeigen hochpolitisierte Themen wie der Klimawandel kaum veränderbare Muster. Zugleich können CEO-Statements für bestimmte Konsumentengruppen identitätsstiftend wirken und Kaufabsichten steigern, während andere Gruppen sich abwenden. Damit wird CEO Activism zu einem sichtbaren Signal, das Zugehörigkeit und Distanz gleichermaßen erzeugen kann (Chatterji und Toffel 2019).

Nicht nur Wirkung und Einfluss von CEO-Aktivismus auf Marke und Unternehmen sind in der Forschungsliteratur hochgradig umstritten. Auch die Frage, ob und wie CEO Activism auf die eigene und persönliche Reputation der Führungskräfte wirkt, bleibt bislang offen. Zendel weist darauf hin, dass sich kurzfristige Reputationswirkungen empirisch kaum nachweisen lassen, was mit den langwierigen, vielschichtigen Prozessen von Reputationserwerb und Reputationsverlust zusammenhängt (Zendel 2024). Entsprechend lässt sich der Einfluss nicht ausschließen, er ist aber nicht unmittelbar messbar – und überträgt sich daher auch nicht automatisch auf die Reputationswahrnehmung des Unternehmens.

Unter den Ausprägungen des Corporate Activism gehört CEO Activism zu jenen Feldern, die in unterschiedlichen Disziplinen besonders intensiv untersucht werden. Inzwischen liegt eine Vielzahl an theoretischen Ansätzen, empirischen Befunden und Typologien vor, die das Phänomen aus unterschiedlichen Perspektiven erklären und zu messen versuchen.

Fezzey, Drnevich und Borgholthaus unterscheiden vier Formen des Engagements, die sich entlang der Achsen „Reden“ und „Handeln“ unterscheiden (Fezzey et al. 2025):

- **Inactive Activism** bezeichnet ein Verhalten, bei dem CEOs weder öffentlich Stellung beziehen noch aktiv handeln und damit bewusst eine neutrale, zurückhaltende Rolle in gesellschaftlichen Debatten einnehmen.
- **Symbolic Activism** liegt vor, wenn CEOs zwar öffentlich Positionen formulieren oder symbolische Gesten setzen, diese jedoch nicht durch konkrete Maßnahmen oder Ressourceneinsatz untermauern.
- **Covert Activism** beschreibt den Fall, dass CEOs keine öffentlichen Aussagen treffen, aber hinter den Kulissen finanzielle oder strategische Mittel einsetzen, um gesellschaftliche Anliegen zu unterstützen.
- **Substantive Activism** verbindet öffentliche Positionierung mit tatsächlichem Engagement und Ressourcenallokation und gilt damit als die umfassendste und sichtbarste Form des CEO Activism. Diese Form wird von den Autoren als besonders authentisch beschrieben, da sie kommunikative und wirtschaftliche Einflussmöglichkeiten miteinander verbindet. Auch diese Form birgt Risiken, insbesondere wenn die Stakeholderlandschaft heterogen ist oder das Engagement konträren Wertorientierungen gegenübersteht (Fezzey et al. 2025).

In Erwiderung auf die Vorlage der „CEO Activism Decision Matrix“ von Fezzey, Drnevich und Borgholthaus rückt Rodney C. Shrader den Einfluss der Stakeholder auf das tatsächliche Verhalten eines CEOs in den Mittelpunkt. Er argumentiert, dass CEO Activism nicht losgelöst betrachtet werden könne, sondern in einem Geflecht aus Erwartungen, Machtverhältnissen und Reaktionsmustern unterschiedlichster Akteursgruppen stehe (Shrader 2025): Aufsichtsräte können CEOs aufgrund ihrer Positionen sanktionieren oder unterstützen; Mitarbeitende können sich stärker engagieren oder innerlich kündigen; Konsumenten können solidarisch handeln oder zum Boykott aufrufen; politische Akteure können regulatorische Reaktionen verstärken oder abschwächen. Shrader verweist darauf, dass diese Einflussmechanismen nicht linear verlaufen, sondern sich gegenseitig verstärken oder neutralisieren können – ein Befund, der den komplexen Entscheidungsraum markiert, in dem CEOs agieren (Shrader 2025).

Dass nicht jede Form des CEO Activism die gleichen Wirkungen entfaltet, zeigt auch die Forschung zu öffentlichen Reaktionen. Kim demonstriert, dass die Wahl des Themas und die Kommunikation der eigenen Motivation entscheidend dafür sind, wie CEO-Positionierungen wahrgenommen werden. Themen, die in der Öffentlichkeit bereits breite Unterstützung genießen, werden eher positiv bewertet, während kontroverse Themen kritischere Reaktionen hervorrufen. Transparente, gesellschaftlich motivierte Begründungen können negative Effekte abschwächen, während unklare oder instrumentelle Motive Skepsis hervorrufen. Erfolgreiche CEO-Kommunikation stärkt Vertrauen und kann sogar zu gesteigerter Loyalität oder Identifikation führen – ein Hinweis darauf, dass kommunikative Feinheiten für die Resonanz entscheidend sind (Kim 2025)

Insgesamt zeigt die aktuelle Forschung, dass CEO Activism ein komplexes Feld ist, das sich aus individuellen Wertorientierungen, organisationalen Rahmenbedingungen, politischen Kontexten und heterogenen Stakeholderreaktionen speist. CEOs bewegen sich dabei in einem Spannungsfeld zwischen moralischer Verantwortung, öffentlicher Erwartung, strategischen Risiken und kommunikativem Einfluss. Die Forschungslage deutet darauf hin, dass CEO Activism weder durchgängig wirksam noch durchgängig riskant ist – vielmehr entfaltet sich seine Wirkung dort, wo persönliche Haltung, organisationale Legitimität und gesellschaftlicher Resonanzraum in ein produktives Verhältnis treten.

2.4.4 Employee Activism: Wenn Veränderungsimpulse aus der Belegschaft kommen

Parallel zum wachsenden öffentlichen Engagement von Führungskräften rückt zunehmend eine zweite Ebene in den Blick: das Engagement der Mitarbeiterinnen und Mitarbeiter. Unter dem Schlagwort Employee Activism werden jene Formen des Protests, der Positionierung oder der politischen Artikulation gefasst, die innerhalb oder außerhalb des Unternehmens entstehen und auf gesellschaftliche oder organisationale Veränderungen zielen.

Krishna beschreibt dieses Feld als „goal-oriented efforts organized and negotiated by individuals and/or groups of employees to internally and/or externally advocate for or against organizational policy and/or decision-making to generate social change" (Krishna 2021). Anders als der relativ klar umrissene CEO Activism lässt sich Employee Activism jedoch nur schwer präzise eingrenzen. Das Phänomen ist älter als der Begriff selbst, denn Beschäftigte haben sich immer schon zu Arbeitsbedingungen, ethischen Missständen oder politischen Entwicklungen geäußert – über Betriebsräte, Gewerkschaften, offene Briefe, Streiks oder informelle Zusammenschlüsse. Neu ist weniger das Engagement als vielmehr seine Sichtbarkeit, seine digitale Vernetzung und seine zunehmende Ausrichtung auf gesellschaftspolitische Themen, die weit über klassische Arbeitskonflikte hinausreichen.

Gerade diese historische Verwurzelung macht die begriffliche Eingrenzung schwierig. Während einige Forschungsarbeiten Employee Activism eng an organisationale Anliegen knüpfen und vor allem interne Veränderungsprozesse fokussieren, verstehen andere den Begriff als Ausdruck eines weiter gefassten politischen Bewusstseins von Mitarbeitenden, das sich auch gegen Entscheidungen des Unternehmens richten kann. Die Ambivalenz zeigt sich bereits darin, dass sich Employee Activism sowohl als Ausdruck organisationaler Loyalität (im Sinne eines Rufes nach verantwortlicher Unternehmensführung) als auch als Dissonanz gegenüber der Unternehmensstrategie interpretieren lässt. Entsprechend heterogen sind die Formen: digitale Protestkampagnen auf internen Kommunikationsplattformen, öffentliche Petitionen, symbolische Aktionen wie „Walkouts“, vernetzte Diskussionsforen oder koordinierte Interventionen in Meetings. Diese Vielfalt macht das Phänomen analytisch unübersichtlich und für Unternehmen schwer prognostizierbar.

Employee Activism bringt erhebliche praktische Herausforderungen für Unternehmen und Führungskräfte mit sich. Sie stehen vor der Aufgabe, legitime Formen interner Partizipation zu ermöglichen, ohne die Funktionsfähigkeit organisationaler Prozesse zu gefährden. Die Mitarbeiter wiederum bewegen sich in einem Spannungsfeld aus Loyalität, Selbstschutz und moralischem Anspruch; ihre Aktionen können als verantwortungsvolles Engagement gelesen werden, aber auch ein Risiko für Karrierewege sein und Teamdynamiken in Gang setzen. Konflikte entstehen insbesondere dann, wenn die Anliegen der Beschäftigten gesellschaftspolitische Dimensionen annehmen, etwa bei Protesten gegen Arbeitsbedingungen in der Tech-Industrie, bei Forderungen nach nachhaltigerer Unternehmensführung oder bei Widerstand gegen bestimmte Kundenbeziehungen. Solche Fälle haben die Aufmerksamkeit dafür geschärft, dass Employee Activism nicht nur eine hinreichend große Gruppe und mediale Resonanz mobilisieren kann, sondern auch zu unmittelbaren Veränderungen in Produkten, Partnerschaften oder Strategien führt.

Beispiele für Aktionen, in denen Mitarbeitende öffentlich Position beziehen und damit weitreichende Debatten auslösen, gibt es viele. Bei Amazon etwa organisierten Beschäftigte im Frühjahr 2023 einen koordinierten Walkout, an dem sich nach Angaben der Initiatoren mehr als tausend Mitarbeitende beteiligten. Der Protest richtete sich gegen eine Kombination aus unternehmensinternen und gesellschaftspolitischen Themen: einerseits gegen die Rückkehrpflicht ins Büro nach der Corona-Pandemie, andererseits gegen die aus Sicht der Mitarbeitenden unzureichenden Klimaschutzmaßnahmen des Konzerns (Associated Press 2023). Die Aktion wurde öffentlich sichtbar, weil sich Beschäftigte standortübergreifend vernetzten und ihre Kritik nicht nur intern, sondern gezielt gegenüber Medien äußerten. Die Kampagne verlieh dem bereits seit Jahren bestehenden Druck auf die Unternehmensführung neue Schärfe und machte deutlich, wie eng Fragen der Arbeitsorganisation heute mit Erwartungen an die gesellschaftliche Verantwortung eines Technologieunternehmens verknüpft werden.

Auch im Fall von Disney zeigte sich 2022 die politische Sprengkraft von Employee Activism, als Mitarbeitende gegen die zunächst zögerliche Haltung des Unternehmens zum sogenannten „Don't Say Gay"-Gesetz in Florida protestierten (Barnes 2022). Die internen Walkouts und öffentlichen Statements führten zu einer deutlichen Kurskorrektur der Unternehmensführung und markierten einen Moment, in dem interne Mobilisierung unmittelbaren Einfluss auf die politische Positionierung eines globalen Konzerns ausübte.

Das Beispiel verdeutlicht die Dynamik, die sich im Verhältnis von Employee Activism und CEO Activism ergeben kann: Während mehr als 150 Unternehmen, darunter große Marken aus Reise- und Dienstleistungssektoren, eine öffentliche Erklärung der Human Rights Campaign gegen das Gesetz unterzeichnet hatten, fehlte Disney zunächst auf dieser Liste – obwohl der Konzern mit zehntausenden Beschäftigten in Florida und einer langen Tradition der Unterstützung der L.G.B.T.Q.-Community als natürlicher Verbündeter galt. Intern wurde gefordert, das Unternehmen müsse klarer Stellung beziehen, doch die Initiative stieß zunächst auf Ablehnung. Die Unternehmensführung hielt an der Strategie fest, politische Konflikte im Bundesstaat eher im Hintergrund zu verhandeln und auf öffentliche Positionierungen zu verzichten, in der Annahme, diskrete Einflussnahme könne wirksamer sein. Wochenlang versuchten Lobbyvertreter des Unternehmens, die Gesetzesvorlage im Stillen abzuschwächen (Barnes 2022).

Diese Zurückhaltung erwies sich jedoch als kontraproduktiv. Das Schweigen führte zu einer Kettenreaktion, die sich zu einer der größten öffentlichen Kontroversen für Disney seit Jahrzehnten entwickelte. Zugleich wurde der Fall zu einem Beispiel für einen strukturellen Wandel in der Unternehmenswelt: Eine zunehmend politisierte Generation von Mitarbeitenden erwartet von ihren Arbeitgebern, dass sie bei kontroversen gesellschaftlichen Fragen nicht nur intern, sondern auch öffentlich Position beziehen – und reagiert entsprechend sensibel, wenn diese Erwartung enttäuscht wird (Barnes 2022).

Über diese konkreten Beispiele hinaus lohnt ein Blick auf die unterschiedlichen Formen, die Employee Activism in der Forschungsliteratur annimmt. Conti, Wang und Ravazzani unterscheiden im Kern zwei Ausprägungen, die sich vor allem durch ihre Zielrichtung und die Beziehung zum Unternehmen unterscheiden (Conti et al. 2025). Auf der einen Seite steht ein eher konfrontativer, protestorientierter Aktivismus, bei dem Mitarbeitende Missstände, Fehlentwicklungen oder ethische Konflikte offen adressieren und sich bewusst in Opposition zur Unternehmensführung positionieren. Solche Aktionen entstehen häufig aus Unzufriedenheit mit konkreten Entscheidungen oder Strukturen und sind darauf ausgerichtet, Veränderungsdruck zu erzeugen. Auf der anderen Seite findet sich eine Form des Engagements, die als Employee Advocacy beschrieben wird und bei der Mitarbeitende ihr Unternehmen grundsätzlich unterstützen, gleichzeitig aber Maßnahmen einfordern, die gesellschaftlichen Fortschritt befördern sollen. Beiden Formen ist gemeinsam, dass sie Ausdruck eines wachsenden Bedürfnisses sind, im beruflichen Kontext Verantwortung zu übernehmen und aktiv zu gesellschaftlichen Verbesserungen beizutragen (Conti et al. 2025).

Employee Activism unterscheidet sich damit grundlegend von Brand Activism oder CEO Activism. Während diese Formen in der Regel top-down entstehen und eng mit der strategischen Ausrichtung eines Unternehmens oder der persönlichen Positionierung von Führungskräften verbunden sind, handelt es sich beim Employee Activism um Bottom-up-Prozesse. Sie entspringen der alltäglichen Erfahrung der Mitarbeitenden, den organisationalen Routinen, kulturellen Dynamiken und dem direkten Umgang mit Entscheidungsprozessen. Aktivismus aus der Belegschaft heraus verweist daher immer zugleich auf interne Spannungen, auf Wahrnehmungen organisationaler Verantwortung und auf die Wertvorstellungen jener Personen, die das Unternehmen alltäglich tragen.

Mit dem Aufkommen sozialer Medien, hybrider Arbeitsformen und einer politisierten Arbeitswelt gewinnen diese miteinander verflochtenen Formen des Aktivismus weiter an Bedeutung. Sie spiegeln veränderte Erwartungen an Unternehmen, die nicht mehr nur als wirtschaftliche Akteure, sondern als gesellschaftliche Institutionen betrachtet werden. Zugleich stellen sie Organisationen vor neue Herausforderungen: Sie müssen lernen, interne Kritik nicht nur auszuhalten, sondern produktiv in Dialog- und Entscheidungsprozesse zu integrieren, ohne dabei ihre strategische Handlungsfähigkeit zu verlieren. Die Forschung verweist darauf, dass hier noch deutliche Lücken bestehen. Häufig wird das Phänomen entweder aus individueller Perspektive (Motivation, Werte, Identität) oder aus organisationaler Perspektive (Strukturen, Kultur, Machtprozesse) untersucht, doch selten werden beide Ebenen in einem integrierten Modell miteinander verbunden (Conti et al. 2025).

Employee Activism besitzt ein erhebliches transformatives Potenzial, weil Mitarbeitende als Insider Zugang zu organisationalem Wissen, internen Entscheidungswegen und informellen politischen Prozessen haben. Dadurch können sie andere Kolleginnen und Kollegen sehr viel wirksamer mobilisieren, als es externen Aktivistengruppen möglich wäre. Zugleich suchen viele aktiv engagierte Mitarbeitende Unterstützung in Gemeinschaften außerhalb ihres Unternehmens, die sich um gemeinsame gesellschaftliche Anliegen formieren (Stöber und Girschik 2025). Ein Beispiel dafür ist die Berlin Tech Workers Coalition, ein in Berlin aktives, überbetriebliches Netzwerk von Beschäftigten der Tech- und Digitalwirtschaft. Die Initiative versteht sich als basisorientierter Zusammenschluss von Mitarbeitenden aus unterschiedlichen Bereichen – von Softwareentwicklung und Datenanalyse über Content-Moderation und Kundenservice bis hin zu Logistik, Spieleentwicklung und

Zustelldiensten. Ziel ist es, Erfahrungsaustausch zu ermöglichen, gegenseitige Unterstützung zu organisieren und kollektive Handlungsfähigkeit herzustellen, die über die Strukturen einzelner Unternehmen hinausreicht (Berlin Tech Workers Coalition 2025). Solche interorganisationalen Netzwerke verschaffen ihnen nicht nur Legitimation, sondern auch Rückhalt und neue Handlungsspielräume, die innerhalb der Firmenstrukturen häufig fehlen (Stöber und Girschik 2025).

2.4.5 Customer Activism: Wenn Kaufentscheidungen politisch werden

Neben dem Engagement von Führungskräften und Mitarbeitenden bildet Consumer Activism eine weitere, zentrale Form gesellschaftlichen Engagements im Unternehmenskontext. In der Forschung wird Consumer Activism traditionell als gegen ein Unternehmen gerichtete Handlung verstanden, bei der Konsumenten ihre Marktposition nutzen, um Missstände sichtbar zu machen, Unternehmen unter Druck zu setzen oder konkrete Verhaltensänderungen einzufordern.

Die wohl am besten untersuchte Form ist der Konsumentenboykott. Ning, Cham, Lim, Qiang und Ye beschreiben Boycotts als kollektive, bewusst herbeigeführte Verweigerung von Kaufentscheidungen, mit denen Konsumenten Unzufriedenheit artikulieren und Veränderung einfordern (Ning et al. 2024). Boykotts weisen nach der gängigen Definition fünf konstitutive Elemente auf: Sie sind intentional, beruhen auf kollektiver Aktion, nutzen Marktmechanismen als Druckmittel, sind kommunikativ flankiert und richten sich gezielt gegen ein bestimmtes Unternehmen oder Produkt. Diese Marktaufladung individueller Konsumentscheidungen macht Boykotts zu einer besonders wirksamen Form kollektiver Einflussnahme (Ning et al. 2024).

Historisch betrachtet haben Konsumentenboykotts immer wieder eine wichtige Rolle bei gesellschaftlichen Veränderungsprozessen gespielt. Von Arbeiterbewegungen und gewerkschaftlichen Kampagnen über die Bürgerrechtsbewegung bis hin zu identitäts- und verbraucherpolitischen Protesten wurden Boykotts als Mittel eingesetzt, um Ungleichheiten sichtbar zu machen oder politische Forderungen durchzusetzen (Ning et al. 2024).

Aktuelle Forschungsarbeiten zeigen, dass Boykotts in den vergangenen Jahren erneut an Bedeutung gewonnen haben, insbesondere im Zusammenhang mit Erwartungen an unternehmerische Verantwortung, Nachhaltigkeit und ethisches Verhalten. Konsumenten nutzen ihre kollektive Kaufkraft zunehmend, um Unternehmen für als problematisch wahrgenommene Entscheidungen zur Verantwortung zu ziehen und zugleich eigene Werte öffentlich zu signalisieren. Diese Entwicklung wird durch digitale Plattformen und soziale Medien verstärkt, die Kommunikation, Vernetzung und Mobilisierung erheblich erleichtern. Online-Communitys, Blogs und Social-Media-Debatten prägen die Wahrnehmung von Unternehmensentscheidungen und können die Beteiligung an Boykotts erheblich beeinflussen. Gleichzeitig verschiebt sich die Logik des Consumer Activism insofern, als Boykotts nicht nur gegen konkrete Missstände gerichtet sind, sondern zunehmend zu einem Ausdruck identitätsbezogener Werte werden.

Zugleich bleibt Consumer Activism von typischen Herausforderungen geprägt. Die Forschung verweist auf das „Free-Rider"-Problem, bei dem Einzelne zwar vom Erfolg eines Boykotts profitieren, sich aber nicht aktiv beteiligen. Ebenso spielt das „Small-Agent"-Problem eine Rolle: Viele Konsumenten gehen davon aus, dass ihre individuelle Handlung zu unbedeutend sei, um einen Unterschied zu machen (Ning et al. 2024).

Studien zeigen, dass die Wirksamkeit von Boykotts maßgeblich davon abhängt, ob Konsumenten an das Veränderungspotenzial ihrer kollektiven Handlung glauben. Die wahrgenommene Effektivität, gepaart mit ethischen Erwägungen und sozialem Druck, entscheidet darüber, ob sich Menschen zu koordinierten Kaufverweigerungen motivieren lassen (Ning et al. 2024).

Neben dem klassischen Einkaufsboykotts gibt es für Konsumenten noch weitere Möglichkeiten, Unwillen gegen ein Unternehmen oder Unternehmenspolitik auszudrücken. Anti-Brand Activism manifestiert sich zum Beispiel in Kulturjamming (z. B. die Verfremdung von Logos oder parodistische Social-Media-Kampagnen), symbolischen Gegenbotschaften oder öffentlichen Beschwerden.

Consumer Activism ist nicht zwangsläufig gegen ein Unternehmen gerichtet. Es sind auch positive Formen denkbar, etwa wenn Konsumenten Unternehmen für gesellschaftlich engagiertes Verhalten unterstützen oder öffentliches, unternehmensfreundliches Engagement an der Schnittstelle von CEO Activism, Brand Activism und Consumer Advocacy sichtbar wird.

Diese potenziell konstruktiven Formen des Consumer Activism – etwa spontanes „Buycotting", also das bewusste Kaufen und Unterstützen bestimmter Unternehmen – sind bisher jedoch nur in Ansätzen erforscht. Kam und Deichert weisen darauf hin, dass Boykott und Buykott zwei Seiten desselben politischen Konsumverhaltens darstellen: die absichtliche Vermeidung eines Produkts und der ebenso absichtliche Kauf als Form politischer Handlung (Kam und Deichert 2020). Ihre experimentellen Studien zeigen allerdings, dass positive Informationen weit weniger wirksam sind als negative. Während negative Nachrichten über ein Unternehmen Boykottaufrufe stark befeuern können, gelingt es positiven Informationen nur in deutlich geringerem Maße, Konsumenten zu gezieltem Buycotting zu motivieren. Dieser Befund verdeutlicht die Asymmetrie politischer Konsumentscheidungen und wirft zugleich die Frage auf, unter welchen Bedingungen unterstützendes Konsumverhalten überhaupt entsteht (Kam und Deichert 2020).

Beispiele wie #GrabYourWallet oder #DeleteUber illustrieren, wie schnell sich politische Konsumentscheidungen im digitalen Raum formieren und globale Wirkung entfalten können (Kam und Deichert 2020). Die Kampagne #GrabYourWallet entstand 2016 als Reaktion auf die geschäftlichen Verbindungen verschiedener Unternehmen zur damaligen US-Regierung unter Donald Trump. Die Kampagne rief dazu auf, Produkte von Firmen zu meiden, die mit dem Trump-Umfeld verbunden waren. Innerhalb weniger Tage verbreitete sich die Liste der betroffenen Marken über soziale Medien, wurde von Nutzerinnen und Nutzern fortlaufend ergänzt und führte zu spürbarem öffentlichem Druck auf einzelne Unternehmen, ihr Sortiment anzupassen oder Kooperationen zu überdenken. Heute versteht sich „Grab Your Wallet" nach eigenen Angaben als „a community of people flexing our power to promote a more just, equitable, and democratic society" (Grab Your Wallet kein Datum). Die Initiative beschreibt sich damit nicht mehr nur als Boykottkampagne, sondern als breiteres Netzwerk politisch engagierter Konsumenten, die ihre kollektive Kaufkraft bewusst einsetzen, um gesellschaftliche Veränderungen zu unterstützen und Unternehmen zu verantwortlichem Handeln zu bewegen. Aus dem klassische Konsumentenboykotts hat sich eine dauerhaft angelegte Bewegung entwickelt, die nicht allein auf Verweigerungshandlungen setzen, sondern auch auf positive Mobilisierung und politische Teilhabe.

Consumer-Activism-Initiativen wie Grab Your Wallet werfen die Frage auf, wann und warum politische Erwägungen Kaufverhalten prägen – und welche Rolle öffentliche Narrative, mediale Dynamiken und die virale Logik sozialer Plattformen dabei spielen. Gerade weil Informationen in Echtzeit globale Märkte erreichen und unternehmerisches Handeln öffentlich bewertet wird, rückt die Erforschung von Buycotting als konstruktivem Gegenstück zum Boykott in den Blick. Bislang ist alles andere als klar, welche Bedingungen gegeben sein müssen, damit Konsumenten positive Unternehmensaktivitäten nicht nur wahrnehmen, sondern auch aktiv durch Kaufentscheidungen unterstützen. Insbesondere fehlen Erkenntnisse darüber, welche Bedingungen erfüllt sein müssen, damit positive Resonanz zwischen Konsumenten und aktivistisch agierenden Unternehmen entsteht, wie sich Unterstützungswellen stabilisieren und in welchem Maße Konsumenten dazu beitragen können, die Wirkung von CEO Activism oder Brand Activism zu verstärken. Die Forschung steht hier erst am Anfang.

Themen und Motive für Corporate Activism

3

Zusammenfassung Die Diskussion um Corporate Activism wird wesentlich durch die Frage geprägt, wie Unternehmen die großen gesellschaftlichen Herausforderungen unserer Zeit wahrnehmen und in welchen Themenfeldern sie sich positionieren. Orientierung bietet der von den Vereinten Nationen entwickelte Katalog der 17 Sustainable Development Goals (SDGs), der die drängendsten sozialen, ökologischen und politischen Problemfelder bündelt. Für Unternehmen dienen die SDGs als strategischer Rahmen, um Verantwortungsübernahme, interne Prozesse und externe Kommunikation auszurichten – sowohl im Sinne klassischer Corporate Social Responsibility als auch im Kontext expliziten Corporate Activism. Zugleich unterscheiden sich die SDGs stark im öffentlichen Aufmerksamkeits- und Polarisierungspotenzial: Klima, Geschlechtergleichstellung oder nachhaltiger Konsum erzielen hohe Resonanz, während andere, gleichermaßen zentrale Ziele wie Armutsbekämpfung, Bildung oder starke Institutionen deutlich weniger Beachtung finden. Unternehmen müssen abwägen, ob sie primär gesellschaftliche Wirkung erzielen oder öffentliche Sichtbarkeit generieren wollen. Corporate Activism entsteht zudem nicht allein durch das Handeln der Unternehmensführung. Mitarbeitende, CEOs, Konsumentinnen und Konsumenten sowie zunehmend auch aktivistische Investoren orientieren sich an den SDGs und formulieren Erwartungen, die das

L.-P. Linke, *Corporate Activism: Wenn Unternehmen sich engagieren*, essentials, https://doi.org/10.1007/978-3-658-50934-7_3

Unternehmen prägen – unabhängig davon, ob es selbst aktiv den ersten Schritt setzt. Die im Kapitel dargestellte Tabelle macht sichtbar, wie vielfältig die thematischen Anknüpfungspunkte von Corporate Activism entlang der SDGs sind und wie eng CSR und Corporate Activism in der Praxis ineinandergreifen. Zugleich zeigt sich ein deutlicher Forschungsbedarf: Der Einfluss einzelner SDGs auf unterschiedliche Stakeholdergruppen ist bislang nur unzureichend untersucht.

3.1 Themenprioritäten für Corporate Activism: Die Orientierung an den SDGs

Unternehmen engagieren sich im Rahmen von Corporate Activism zunehmend in gesellschaftlichen Debatten – nicht aus Zufall oder Opportunismus, sondern weil sie auf zentrale Problemfelder reagieren, die heute als besonders dringend gelten. Für Sarkar und Kotler speist sich dieses Engagement aus der Auseinandersetzung mit den größten sozialen, politischen, ökologischen und ökonomischen Herausforderungen (Sarkar und Kotler 2020). Bleibt die Frage: Welche Probleme sind so wichtig, dass ein Unternehmen sich überhaupt veranlasst sehen könnte, eine öffentliche Haltung einzunehmen oder aktiv in gesellschaftliche Prozesse einzugreifen?

Klarheit über die großen gesellschaftlichen Herausforderungen liefert der von den Vereinten Nationen entwickelte Katalog der 17 Sustainable Development Goals (SDGs). Er bündelt die zentralen Themen der globalen Agenda – von Armut und Hunger über Bildung, Gesundheit, Klima und Umwelt bis hin zu Frieden, Gerechtigkeit und starken Institutionen – und definiert damit jene Handlungsfelder, in denen auch unternehmerisches Engagement besonders sichtbar wird.

Die SDGs wurden von den Mitgliedstaaten der Vereinten Nationen im Rahmen der Agenda 2030 entwickelt und 2015 einstimmig verabschiedet. Sie bilden den umfassendsten Orientierungsrahmen für nachhaltige Entwicklung und markieren die drängendsten sozialen, ökologischen und politischen Herausforderungen unserer Zeit. Seit ihrer Einführung wurde das zugrunde liegende Datensystem weiter ausgebaut, zuletzt 2025, um Entwicklungen wie Klimawandel, Ungleichheit oder digitale Transformation besser zu erfassen. Zugleich bleibt die Messbarkeit unterschiedlich ausgeprägt: Während Ziele wie Gesundheit, Wasser und Energie gut dokumentiert sind, bestehen bei Geschlechtergleichstellung, nachhaltigen Städten, Klimaschutz oder starken Institutionen weiterhin deutliche Lücken. Diese Unterschiede zeigen, wo die globale Gemeinschaft – und damit auch Unternehmen – vor den größten Aufgaben steht (Crespo et al. 2024).

Der aktuelle SDG-Report zeigt, wie weit die Weltgemeinschaft noch von den Zielen der Agenda 2030 entfernt ist. Trotz einzelner Fortschritte bleiben zentrale Herausforderungen ungelöst: Millionen Menschen leiden weiterhin unter Hunger, Milliarden haben keinen sicheren Zugang zu sauberem Wasser, Sanitärversorgung oder Hygiene, und tief verankerte Ungleichheiten bremsen Entwicklung – etwa, weil Frauen weltweit deutlich mehr unbezahlte Sorgearbeit leisten oder Menschen mit Behinderungen systematisch unterversorgt bleiben. Zugleich verschärfen sich die globalen Rahmenbedingungen: Die Klimakrise beschleunigt sich, viele Staaten stehen unter massivem finanziellen Druck, und eine jährliche Finanzierungslücke von mehreren Billionen Dollar behindert die Umsetzung nachhaltiger Entwicklung (United Nations Department of Economic and Social Affairs 2025).

Für Unternehmen bieten die SDGs einen zentralen Orientierungsrahmen, um Prozesse, strategische Entscheidungen und Kommunikation im Sinne von Corporate Social Responsibility auszurichten – und ebenso, um Corporate Activism bewusst zu konzipieren und umzusetzen. Sie zeigen, in welchen Feldern unternehmerisches Handeln gesellschaftlich wirksam werden kann. Doch zugleich wird deutlich, dass die einzelnen Ziele höchst unterschiedlich aufgeladen sind: Während einige SDGs – etwa Klima, Geschlechtergleichstellung oder nachhaltiger Konsum – eine hohe mediale Sichtbarkeit und damit ein großes Polarisierungspotenzial besitzen, stoßen andere, oft ebenso grundlegende Themen wie Armutsbekämpfung, Wasser, Bildung oder starke Institutionen auf deutlich geringere öffentliche Aufmerksamkeit. Die entscheidende Frage bei der bewussten Planung von Corporate Activism lautet daher, ob Unternehmen primär Wirkung erzielen oder Aufmerksamkeit generieren wollen. Viele der inhaltlich wichtigsten SDGs versprechen weniger Resonanz in klassischen und sozialen Medien, sind jedoch für die langfristige Zukunftsfähigkeit der Weltgemeinschaft von zentraler Bedeutung.

Für Unternehmensverantwortliche gilt: Die 17 SDGs sollten immer im Blick bleiben – selbst dann, wenn aktuell keine Kampagne oder bewusst aktivistische Maßnahme geplant ist. Corporate Activism ist kein isolierter Kommunikationsimpuls, sondern entfaltet sich auf mehreren Ebenen eines Unternehmens und wird von einer Vielzahl von Akteuren geprägt.

Die SDGs strukturieren daher nicht nur die Erwartungen der Unternehmensführung, sondern ebenso jene von Mitarbeitenden, die zunehmend Wert auf nachhaltige Arbeitsbedingungen und gesellschaftliche Verantwortung legen. Auch CEOs orientieren sich an ihnen, wenn sie öffentlich Stellung beziehen oder strategische Entscheidungen legitimieren. Konsumenten wiederum nutzen die SDGs –

explizit oder implizit – als moralischen Referenzrahmen, um Unternehmen zu bewerten oder Kaufentscheidungen politisch aufzuladen. Hinzu kommt eine weitere, zunehmend einflussreiche Gruppe: Shareholder und institutionelle Investoren. Gerade börsennotierte Unternehmen berichten von wachsendem Druck durch aktivistische Aktionäre und Aktionärinnen, die nicht nur finanzielle Ziele verfolgen, sondern ESG-Kriterien, Transparenz, Klimastrategien oder Governance-Strukturen einfordern und diese Forderungen gezielt durchsetzen (Klingebiel et al. 2025). Corporate Activism entsteht nicht (nur) an der Unternehmensspitze, sondern ist Ausdruck eines vielschichtigen Erwartungssystems, das sich entlang der SDGs ordnet – und das Unternehmen auch dann beeinflusst, wenn die Entscheider im Unternehmen selbst nicht aktiv den ersten Schritt machen.

Die folgende Tabelle ordnet die 17 Sustainable Development Goals entlang ihrer Anknüpfungspunkte für Corporate Activism und zeigt, in welchen Feldern Unternehmen sichtbar werden können – sei es durch Haltung, konkrete Maßnahmen oder politische Einflussnahme. Dabei wird deutlich, dass die Grenzen zwischen klassischer Corporate Social Responsibility und explizitem Corporate Activism fließend sind: Viele ursprünglich verantwortungsbezogene Aktivitäten erhalten heute eine politische Dimension, weil sie gesellschaftliche Debatten prägen oder Erwartungen an Unternehmen verändern.

Gleichzeitig wirken die SDGs nicht nur auf das strategische Handeln der Unternehmensführung, sondern auch auf weitere Akteursgruppen, die Corporate Activism maßgeblich treiben – etwa Mitarbeitende, Konsumenten oder aktivistische Investoren, die Nachhaltigkeit, Transparenz und Verantwortungsübernahme zunehmend einfordern.

Wie stark die einzelnen SDGs auf diese Gruppen wirken, welches Polarisierungs- oder Mobilisierungspotenzial sie besitzen und wie sie unternehmensseitige Entscheidungen beeinflussen, ist wissenschaftlich jedoch erst in Ansätzen erforscht. Die Tabelle bietet daher vor allem eine strukturierte Grundlage, um die vielfältigen thematischen Felder von Corporate Activism sichtbar zu machen – und die offenen Fragen, die sich aus ihnen ergeben.

3.2 17 SDGs als Handlungsfelder für Corporate Activism

Die folgende Tabelle bietet eine systematische Übersicht der 17 Sustainable Development Goals als relevante Handlungsfelder für Corporate Activism.

SDG	Möglichkeiten für Corporate Activism	Mögliche Maßnahmen	Beispiel aus der Praxis	Vermutetes Potenzial für Polarisierung
1 Keine Armut	Positionierung zu armutsrelevanten Themen wie existenzsichernden Löhnen, sozialer Sicherung und fairen Lieferketten	Einführung und Kommunikation existenzsichernder Löhne, Partnerschaften mit Organisationen zur Armutsbekämpfung, Transparenz über soziale Wirkungen	Unilever – Enhancing Livelihoods Programme 2010 – 2020. Unterstützt Kleinstunternehmer im globalen Süden durch faire Preise, Trainings und soziale Sicherungssysteme	mittel
2 Kein Hunger	Unternehmen im Lebensmittel- und Agrarsektor können Ernährungssicherheit, faire Agrarstrukturen und den Kampf gegen Lebensmittelverschwendung adressieren	Programme zur Reduktion von Lebensmittelverschwendung, Unterstützung kleinbäuerlicher Strukturen, Public Advocacy für nachhaltige Ernährungssysteme	Danone Deutschland: Ernährungspolitische Vorschläge an die Bundesregierung	mittel
3 Gesundheit und Wohlergehen	Engagement für Zugang zu Gesundheitsleistungen, Prävention und mentale Gesundheit	Betriebliche Gesundheitsprogramme, Unterstützung globaler Gesundheitsinitiativen, öffentliches Eintreten für Impfprogramme oder Versorgungs-gerechtigkeit	Johnson & Johnson bündelt in seiner Global Public Health Initiative Ressourcen, um zentrale Gesundheitsbedarfe weltweit zu adressieren – von Infektionskrankheiten wie HIV und Tuberkulose über die Gesundheit von Müttern und Kindern bis hin zu neuen Pandemierisiken	mittel

(Fortsetzung)

SDG	Möglichkeiten für Corporate Activism	Mögliche Maßnahmen	Beispiel aus der Praxis	Vermutetes Potenzial für Polarisierung
4 Hochwertige Bildung	Unternehmen können den Zugang zu hochwertiger Bildung und digitalen Kompetenzen fördern	Stipendien, duale Ausbildungsprogramme, kostenlose oder vergünstigte digitale Lernangebote, Engagement in Bildungskooperationen	Das SAP-Young-Thinkers-Programm unterstützt weiterführende Schulen mit Software, Schulungen und Events, um digitale Kompetenzen zu fördern und das Interesse an MINT-Berufen zu stärken	niedrig
5 Geschlechter-gleichstellung	Unternehmen können Gleichstellung, Antidiskriminierung und Diversität als politischen und organisationalen Anspruch formulieren	Equal-Pay-Analysen, Diversitätsziele, öffentliche Unterstützung von Gleichstellungsgesetzen, interne und externe Kampagnen	Salesforce führt regelmäßige Equal-Pay-Prüfungen durch und setzt sich öffentlich für Lohngerechtigkeit über Geschlechter-, Herkunfts- und Ethniengrenzen hinweg ein	niedrig
6 Sauberes Wasser und Sanitär-einrichtungen	Unternehmen können Wasserschutz, verantwortungsvollen Wasserverbrauch und Zugang zu Trinkwasser thematisieren	Water Stewardship-Programme, Veröffentlichung von Wasserfußabdrücken, Kooperation mit Gemeinden zur Wasserversorgung	Das soziale Wasserprojekt des ehemaligen FC-St.-Pauli-Spielers Benjamin Adrion „Viva con Agua" setzt sich weltweit dafür ein, den Zugang zu sauberem Trinkwasser und sanitärer Grundversorgung durch gemeinnützige Projekte und Bildungsarbeit zu verbessern	niedrig
7 Bezahlbare und saubere Energie	Unternehmen können sich für erneuerbare Energien und energieeffiziente Infrastrukturen einsetzen	Umstellung auf 100 % erneuerbare Energien, Unterstützung von Klimagesetzen, Investitionen in Energieinnovationen	Das Werk in Debrecen, Ungarn, ist das erste Automobilwerk der BMW Group, das Fahrzeuge im Normalbetrieb ohne den Einsatz fossiler Brennstoffe produziert	mittel

8 Menschenwürdige Arbeit und Wirtschaftswachstum	Unternehmen können Arbeitsrechte, faire Bezahlung und sichere Arbeitsbedingungen offensiv vertreten	Verbindliche Sozialstandards in Lieferketten, Unterstützung von Gewerkschaftsfreiheit, Programme gegen prekäre Beschäftigung	Die Fair Labor Association ist eine unabhängige, internationale Initiative, die Unternehmen, Hochschulen und zivilgesellschaftliche Organisationen zusammenbringt, um Arbeitsbedingungen in globalen Lieferketten durch verbindliche Standards, Audits und Transparenz zu verbessern	mittel
9 Industrie, Innovation und Infrastruktur	Unternehmen können nachhaltige Industrialisierung, Innovationsförderung und resiliente Infrastruktur unterstützen	Investitionen in grüne Technologien, Kooperationen mit Städten und Staaten zu nachhaltiger Infrastruktur, politische Impulse zu Industriepolitik	Für Siemens sind nachhaltige Infrastruktur, umweltfreundliche Mobilität und digitale Technologien Teil einer SDG-orientierten Unternehmensstrategie mit dem Ziel, nachhaltige Städte, Industrieinnovationen und saubere Energie voranzutreiben	niedrig
10 Weniger Ungleichheiten	Unternehmen können sich gegen ökonomische, soziale und politische Ungleichheiten positionieren	Lohntransparenz, Programme zur Förderung benachteiligter Gruppen, öffentliches Eintreten für inklusive Politik	Das Refugee Skills for Employment Programme von IKEA bietet Geflüchteten Trainings, Praktika und Beschäftigungsmöglichkeiten, um ihre Integration in den Arbeitsmarkt zu unterstützen	hoch
11 Nachhaltige Städte und Gemeinden	Unternehmen können an nachhaltiger Stadtentwicklung, Mobilität und Wohnraum mitwirken	Kooperationen mit Kommunen, nachhaltige Mobilitätslösungen, Beteiligung an sozialen Wohnprojekten	VW unterstützt mit MOIA und E-Mobilitäts-programmen emissionsarme Mobilitätslösungen für urbane Räume	mittel

(Fortsetzung)

SDG	Möglichkeiten für Corporate Activism	Mögliche Maßnahmen	Beispiel aus der Praxis	Vermutetes Potenzial für Polarisierung
12 Nachhaltige/r Konsum und Produktion	Unternehmen können Überkonsum, Abfall und Ressourcenverbrauch problematisieren und Alternativen anbieten	Kreislaufwirtschafts-konzepte, Zero-Waste-Initiativen, Transparenz zu Produktions-bedingungen, Kennzeichnungssysteme	Kosmetikhersteller Lush entwickelt verpackungsfreie Produkte und setzt interne Zero-Waste-Richtlinien um	mittel
13 Maßnahmen zum Klimaschutz	Unternehmen können Klimapolitik unterstützen, Emissionsziele setzen und für ambitionierte Rahmensetzungen eintreten	Net-Zero- oder „carbon negative"-Strategien, Unterstützung internationaler Klimaabkommen, öffentliche Klimakampagnen	Microsoft verfolgt das Ziel, bis 2030 CO_2-negativ zu werden und bis 2050 sämtliches seit 1975 verursachte oder verbrauchsbedingte CO_2 vollständig aus der Atmosphäre zu entfernen – ein Schritt, der auf einer langjährigen Klimastrategie basiert, die seit 2009 verbindliche Emissionsziele umfasst und seit 2012 durch klimaneutrale, aber stark kompensationsbasierte Unternehmenspraktiken ergänzt wurde	mittel
14 Leben unter Wasser	Unternehmen können gegen Meeresverschmutzung, Plastikmüll und Überfischung aktiv werden	Verzicht auf Einwegplastik, Unterstützung mariner Schutzgebiete, nachhaltige Fischereistandards in Lieferketten	Die Alliance to End Plastic Waste ist ein weltweites Industrienetzwerk, in dem sich Unternehmen entlang der gesamten Kunststoffwertschöpfungs-kette zusammengeschlossen haben, um durch Investitionen, Infrastruktur-aufbau, Innovation und Kooperation die Entstehung von Plastikmüll zu verhindern und den Eintrag von Kunststoffabfällen in die Umwelt – insbesondere in Flüsse und Ozeane – zu reduzieren	mittel

15 Leben an Land	Unternehmen können Waldschutz, Biodiversität und regenerative Landwirtschaft adressieren	Entwaldungsfreie Lieferketten, Unterstützung von Aufforstungsprojekten, Förderung regenerativer Landwirtschaft	Nespresso arbeitet seit 2003 mit Rainforest Alliance und zehntausenden Kaffeebauern zusammen, um Biodiversität zu schützen, Entwaldung zu reduzieren, Bodenqualität zu verbessern und langfristig regenerative Landwirtschaft im Kaffeeanbau zu fördern	mittel
16 Frieden, Gerechtigkeit und starke Institutionen	Unternehmen können für Rechtsstaatlichkeit, Antikorruption und demokratische Institutionen eintreten	Antikorruptionsrichtlinien, Whistleblowing-Systeme, Unterstützung von Initiativen für Demokratie und Rechtsstaat	Das Versicherungsunternehmen Allianz ist seit 2002 Mitglied des Global Compact der Vereinten Nationen (UNGC) und orientiert sich bei seinen Geschäftsaktivitäten an den UNGC-Grundsätzen, einschließlich des Schutzes der Menschenrechte und der Einhaltung von Arbeitsnormen	mittel
17 Partnerschaften zur Erreichung der Ziele	Unternehmen können in Multi-Stakeholder-Allianzen und Public-Private-Partnerships zur SDG-Umsetzung beitragen	Teilnahme an UN Global Compact, gemeinsamen Brancheninitiativen, thematischen Allianzen zu SDGs	Das World Business Council for Sustainable Development (WBCSD) entwickelt gemeinsam mit seinen Mitgliedsunternehmen (u. a. BMW, BASF, Nestlé, Microsoft, E.ON, Henkel) detaillierte SDG-Sector Roadmaps für verschiedene Branchen, z. B. Energie, Chemie, Ernährung, Mobilität und den Finanzsektor	mittel

Kritische Einordnung von Corporate Activism und Ausblick

4

Zusammenfassung Corporate Activism entsteht im Spannungsfeld zwischen moralischen Erwartungen und organisationaler Logik: Unternehmen übersetzen gesellschaftliche Werte in ökonomische Kategorien wie Reputation, Risiko oder Marktchancen – ein Prozess, der nur wirkt, solange Anschlussfähigkeit besteht. Kritische Perspektiven weisen zugleich darauf hin, dass Aktivismus leicht zu symbolischem Verhalten werden kann, das Modernität signalisiert, ohne strukturelle Veränderungen zu erzeugen.

Da sich politische Agenden, öffentliche Aufmerksamkeit und Akteurskonstellationen schnell verändern, ist Corporate Activism zeitlich instabil und schwer vorherzusagen. Genau daraus leiten sich die Praxisratschläge ab: Themen müssen passen, Haltung braucht Handlung, interne Legitimation ist entscheidend, und Unternehmen sollten langfristig denken, Risiken einpreisen und ihre Wirkung kontinuierlich überprüfen.

4.1 Corporate Activism im Spannungsfeld von Moral und Systemlogik

Corporate Activism lebt mehr durch die Tat als durch das Wort. Oder in den Worten Kotlers und Sarkars: „The proof is in what you do, not what you say" (Sarkar und Kotler 2020). Diesem Rufe folgen viele Unternehmenslenker und versuchen, ihren Unternehmen einen Purpose zu geben und zur „‚value-driven' company" (Sarkar und Kotler 2020) zu werden.

L.-P. Linke, *Corporate Activism: Wenn Unternehmen sich engagieren*, essentials, https://doi.org/10.1007/978-3-658-50934-7_4

In diesem Bemühen erinnern manche Unternehmen wie auch manche Führungskräfte an die kleine Hexe aus Otfried Preußlers Kinderbuch – allerdings nicht wegen ihrer Magie, sondern wegen ihres zentralen Konflikts: dem Gegensatz zwischen „Gutes hexen“ und „gut hexen“ (Preußler 2013).

Die kleine Hexe will „Gutes hexen“, also mit ihren Fähigkeiten Positives bewirken, helfen, korrigieren, verbessern. Doch im Hexenwesen gilt eine andere Logik: Eine Hexe hat „gut zu hexen“, das heißt, die Kunst des Hexens perfekt zu beherrschen, die Regeln zu kennen und sich an das überlieferte Rollenbild zu halten. Als die kleine Hexe beim heimlichen Mitfliegen zum Blocksberg ertappt und später geprüft wird, zeigt sich genau dieses Spannungsfeld. Die Oberhexe ist weniger empört über den Regelverstoß als darüber, dass die kleine Hexe bei ihrer Prüfung „gute“ Taten vollbringt, anstatt die traditionell erwarteten bösen (Preußler 2013). Sie hat nicht „gut“ gehext, weil sie sich nicht an die Normen des Hexenhandwerks gehalten hat. Ihr moralischer Impuls wird zur Schwäche, ihr Wille zum Guten zum Beweis mangelnder Professionalität. Am Ende wird sie sogar verurteilt, das Holz für ihren eigenen Scheiterhaufen zu sammeln – eine Strafe, die ebenso symbolisch wie brutal zeigt, wie wenig Platz in diesem System für eigenwillige Auslegung von „gut“ ist.

Dieser Konflikt spiegelt sich in Organisationen wider, die gesellschaftlich wirken wollen. Viele möchten ‚Gutes hexen‘: Sie sprechen über Nachhaltigkeit, Diversität oder Menschenrechte und suchen die moralisch richtige Position. Gleichzeitig müssen sie ‚gut hexen‘: Strukturen beherrschen, Widersprüche managen, Erwartungen ausbalancieren, konsequent handeln und die Regeln ihres eigenen Systems kennen.

Auch Forschende, Beratende und Journalistinnen oder Journalisten tun sich schwer, Corporate Activism präzise zu beschreiben, einzuordnen und zu bewerten, wenn ihnen dieser strukturelle Gegensatz nicht bewusst ist. Häufig erfolgt die Analyse aus einer moralischen Perspektive. Das Eintreten von Unternehmen für politische Prinzipien erscheint dann zeitgemäß, progressiv und richtungsweisend. Umso größer ist das Erstaunen, wenn dieselben Akteure – Unternehmen wie Führungskräfte – kurz darauf abweichende Positionen vertreten oder ihren eigenen Aussagen und Taten widersprechen.

Besonders deutlich wurde dies, als CEOs großer US-Tech-Unternehmen, die sich während der ersten Trump-Regierungszeit klar gegen dessen Politik positioniert hatten, zu Beginn der zweiten Amtsperiode ihre Diversitätsprogramme zurückfuhren und deutlich weniger progressive Töne anschlugen (Zeit.de 2025). Die moralische Entrüstung war groß, doch sie verdeckt oft eine systematische Blindstelle: den Zeitfaktor.

Corporate Activism ist keine Momentaufnahme, sondern eine Abfolge von Positionierungen, Entscheidungen und Reaktionen in sich wandelnden Kontexten. Dennoch gibt es bislang kaum Langzeitstudien – und damit kaum fundierte Erkenntnisse darüber, wie stabil, konsistent oder volatil Corporate Activism tatsächlich ist.

4.1.1 Corporate Activism aus systemtheoretischer Sicht

Die Schwierigkeiten, Corporate Activism zu analysieren und daraus belastbare Erfolgsstrategien abzuleiten, beginnen bereits beim Adjektiv Corporate. Schon der Begriff des Unternehmens – oder einen Schritt vorher: der Organisation – ist soziologisch alles andere als eindeutig. Eine Organisation ist eben „nicht nur die Maschine, die umsetzt, was man sich andernorts (aber wo?) ausgedacht hat" (Baecker 2012). Systemtheoretisch betrachtet ist sie ein komplexes, sich selbst organisierendes und reflektierendes Gefüge, das Komplexität nicht abbaut, sondern erzeugt und verarbeitet (Baecker 2012). Entsprechend anspruchsvoll ist es, Unternehmenshandeln im Allgemeinen und Corporate Activism im Besonderen präzise zu beschreiben.

Aus einer systemtheoretischen Perspektive ließe sich Corporate Activism im Sinne Niklas Luhmanns (1997) als eine besondere Form der Kommunikation zwischen Organisation und Umwelt beschreiben. Unternehmen reagieren in systemischer Lesart auf Werte wie Klimaschutz, Demokratie oder Menschenrechte nicht, weil sie diese als moralische Größen internalisieren, sondern weil sie in Kommunikationszusammenhänge übersetzt werden, die für das ökonomische System anschlussfähig sind. Externe Erwartungen werden dabei in betriebswirtschaftliche Variablen transformiert: Reputation, Risiko, Marktchancen, Regulierungsdruck, Employer Branding. Corporate Activism entsteht folglich nicht aus moralischem (Eigen-)Antrieb, sondern aus der Fähigkeit des Systems, Umweltkomplexität in eigene Entscheidungsprämissen zu überführen. Dieses Arrangement ist jedoch fragil. Unternehmen engagieren sich nur solange, wie diese Übersetzung funktioniert – also solange kommunikative Anschlussfähigkeit besteht und die Umweltreaktionen das Aktivismusverhalten bestätigen, stabilisieren oder legitimieren. Sobald diese Kommunikation reißt oder Kosten und Risiken die erwarteten Vorteile übersteigen, verliert Corporate Activism im System seine Anschlussfähigkeit und wird modifiziert, abgeschwächt oder ganz eingestellt.

4.1.2 Corporate Activism aus Sicht der Frankfurter Schule

Aus der Sicht der Frankfurter Schule lässt sich Corporate Activism in einer deutlich kritischeren Tonlage bewerten. Für Horkheimer, Adorno oder Marcuse wäre

Corporate Activism vermutlich weniger Ausdruck echter gesellschaftlicher Verantwortung als vielmehr ein Instrument, um bestehende Machtverhältnisse zu stabilisieren.

Die Kritische Theorie versteht moderne Gesellschaften als von subtilen Formen der Herrschaft durchzogen, die tief in Alltag, Kultur und Kommunikation eindringen: „Immerwährend betrügt die Kulturindustrie ihre Konsumenten um das, was sie immerwährend verspricht.“ (Horkheimer und Adorno 2022)

Corporate Activism ließe sich genau in diesem Sinne als ideologische Oberfläche lesen, die progressive Werte wie Diversität, Nachhaltigkeit oder soziale Gerechtigkeit aufgreift, ohne an den strukturellen Bedingungen etwas zu verändern. Aktivismus wird in dieser Lesart zur Fortsetzung der Kulturindustrie mit den Mitteln politischer Moral, zur Mechanik der Befriedung in einer Ökonomie, die auf Zustimmung, Legitimation und Erwartungsmanagement angewiesen ist. Indem Unternehmen sich zu gesellschaftlichen Themen äußern, gewinnen sie Modernität und moralische Anschlussfähigkeit, entziehen sich zugleich jedoch der Frage nach realer Veränderung. Corporate Activism erzeugt so eher ein Bild von Fortschritt, das soziale Konflikte glättet, statt sie auszutragen – und fungiert damit im Sinne der Kritischen Theorie als Reproduktionsmechanismus bestehender Machtordnungen.

Diese beiden soziologischen Perspektiven – Systemtheorie und Frankfurter Schule – genügen, um zu zeigen, wie anspruchsvoll die Beschreibung und Bewertung von Corporate Activism ist. Das Phänomen lässt sich nur verstehen, wenn man es als Ausdruck komplexer Systeme begreift, in denen unterschiedliche Handlungsebenen, Interessen und Kommunikationsformen ineinandergreifen.

Ebenso schwierig ist daher ein Ausblick darauf, wie sich Corporate Activism als strategische Handlungsoption entwickeln wird und welche praktischen Empfehlungen sich daraus ableiten lassen.

4.1.3 Zukunft des Corporate Activism: Warum Vorhersagen so schwierig sind

Unstrittig ist, dass Unternehmen ihren vielfältigen Ziel- und Anspruchsgruppen auch künftig Rechenschaft darüber ablegen müssen, wie sie sich in der Gesellschaft und für die Gesellschaft verhalten. Der „Smart Shopper“ bleibt ebenso präsent wie werteorientierte Konsumentinnen und Konsumenten, die in zunehmend moralisierten Märkten Entscheidungen nicht mehr allein an Preis und Nutzen ausrichten. Doch auch wenn die gesellschaftliche Polarisierung eher zu- als abnimmt, bleibt offen, welche Erscheinungsformen Corporate Activism künftig annehmen wird. Diese Ungewissheit gründet vor allem in drei Faktoren.

Erstens hängt Corporate Activism von politischen Agenden ab, die sich in polarisierten Gesellschaften in kurzen Zyklen verschieben können.

Zweitens verändern sich Relevanz, Reichweite und Nachrichtenwert gesellschaftlicher Themen dynamisch: Anliegen können an öffentlicher Resonanz verlieren, obwohl sich an ihrer Faktizität nichts geändert hat. Dies gilt besonders für ökologische und soziale Herausforderungen, deren objektive Bedeutung hoch bleibt, deren mediale Sichtbarkeit jedoch fluktuiert.

Drittens wirkt die Entwicklung der unterschiedlichen Akteure – CEOs, Markenverantwortliche, Mitarbeitende, Kundinnen und Kunden, Aktionäre, Aktionärinnen und Investoren – und vor allem ihr Verhältnis zueinander auf jede Form des Aktivismus zurück.

Unternehmen agieren damit in einem kommunikativen Gefüge, in dem sich Erwartungen, Anreize und Risiken wechselseitig beeinflussen. Dass sich Corporate Activism zu unterschiedlichen Zeiten unterschiedlich „auszahlt“, ist weniger Ausdruck moralischer Volatilität als ein Effekt abnehmender Aufmerksamkeit: Das erste Unternehmen, das sich klar zu einem Thema positioniert, erzeugt weit mehr Resonanz als das zehnte – selbst wenn beide inhaltlich dasselbe tun.

Vorhersagen bleiben schließlich auch deshalb schwierig, weil Corporate Activism auf organisationaler wie gesellschaftlicher Ebene ein Feld ist, in dem Nicht-Handeln immer eine Option bleibt. Kommunikation zwischen Systemen – zwischen Shareholdern und Unternehmensleitungen, zwischen Unternehmensleitungen und Marketingverantwortlichen, zwischen Marketing und Kundschaft, zwischen Kundschaft und Mitarbeitenden – macht das Verhalten zwar beobachtbar, aber nicht zuverlässig prognostizierbar. Corporate Activism wird deshalb ein bewegliches, situatives und kontextabhängiges Phänomen bleiben, dessen Entwicklung sich nur in nachträglichen Linienzügen, nicht aber in stabilen Trends beschreiben lässt.

4.2 Praktische Empfehlungen für Unternehmen: Was Corporate Activism erfolgreich macht

Corporate Activism ist kein einfaches Kommunikationsinstrument, sondern ein anspruchsvolles organisationales Verhalten in einem hochdynamischen Umfeld. Die Analyse zeigt: Unternehmen bewegen sich zwischen moralischen Erwartungen, internen Strukturen und politisierten Märkten – und müssen Entscheidungen treffen, die weit über symbolische Gesten hinausgehen.

Die folgenden Empfehlungen fassen zusammen, worauf Unternehmen achten sollten, wenn sie sich gesellschaftlich positionieren.

1. **Erst verstehen, dann handeln – Komplexität ernst nehmen**
   Corporate Activism spielt sich nie auf nur einer Ebene ab. Unternehmen sollten gesellschaftliche Themen systematisch beobachten und ihre Bedeutung für alle relevanten Akteure einschätzen: Mitarbeitende, Kundschaft, Investoren, regulatorisches Umfeld, Medien…
2. **Das Thema muss zum Unternehmen passen**
   Die Forschung ist eindeutig: Nicht die moralische Richtigkeit einer Position entscheidet, sondern der Fit zwischen Thema, Markenidentität und Stakeholdern.
   Unternehmen sollten nur dort aktiv werden, wo Haltung und Geschäftsrealität deckungsgleich sind.
3. **Haltung ist nichts ohne Handlung**
   „The proof is in what you do, not what you say" (Sarkar und Kotler 2020) gilt als Grundgesetz des Corporate Activism. Deshalb: Keine Position ohne Maßnahmenplan.
   Kommunikative Bekenntnisse müssen durch überprüfbare Routinen, Prozesse, Budgets oder strukturelle Veränderungen unterlegt sein – sonst droht der Vorwurf des Wokewashings.
4. **Themen nicht nach Lautstärke auswählen**
   SDGs erlauben Orientierung, doch das öffentliche Polarisierungspotenzial einzelner Themen ist ungleich verteilt.
   Unternehmen sollten unterscheiden zwischen:
   - Themen hoher Relevanz, aber geringer medialer Aufmerksamkeit
   - Themen hoher Öffentlichkeitswirkung, aber geringer moralischer Tiefe
5. **Die zeitliche Dimension einplanen**
   Corporate Activism entfaltet seine Wirkung nicht in einem einzelnen Moment, sondern über längere Zeiträume. Unternehmen müssen daher bedenken, wie sich die öffentliche Wahrnehmung eines Themas verändern kann – und welche Konsequenzen das für ihre Positionierung hat. Das betrifft mögliche spätere Krisen, politische Verschiebungen und die Gefahr, zu einem späteren Zeitpunkt als inkonsequent zu gelten, wenn das eigene Handeln nicht dauerhaft stimmig bleibt.
6. **Interne Legitimation sichern**
   Corporate Activism funktioniert nur, wenn Mitarbeitende die Haltung mittragen.
   Unternehmen sollten:
   - interne Diskussionsräume schaffen
   - Mitarbeitende frühzeitig einbeziehen
   - interne Kritik ernst nehmen
   - Ressourcen bereitstellen

   Sonst drohen Walkouts, interne Spaltungen oder Reputationsverluste.

7. **CEO-Positionierungen sorgfältig abwägen**
   CEO Activism wirkt stark – aber asymmetrisch.
   Er sollte:
   - konsistent mit der Unternehmensstrategie sein
   - auf datenbasierter Stakeholderanalyse beruhen
   - kommunikativ vorbereitet und „crisis-ready" sein
   - nicht persönliches Moralprojekt, sondern organisational legitimiert sein
8. **Markenidentität als Kompass nutzen**
   Aktivismus von Marken muss kulturell verankert sein.
   Markenkommunikation sollte aktivistische Impulse nur aufnehmen, wenn die Marke:
   - kulturelle Glaubwürdigkeit besitzt
   - narrative Tiefe hat
   - auf konsistente Symbolik zurückgreifen kann
9. **Negative Reaktionen einpreisen**
   Studien zeigen regelmäßig: Ablehnung wirkt stärker als Zustimmung.
   Deshalb braucht jedes Unternehmen:
   - ein Erwartungsmanagement für Gegenwind
   - ein Szenario- und Krisenkommunikationsmodell
   - Vorbereitungen für Boykott- oder Shitstorm-Dynamiken
10. **Nicht handeln ist auch eine Option – aber keine neutrale**
    Unternehmen müssen bewusst entscheiden, ob sie schweigen oder sprechen.
    Beides ist bedeutungsvoll.
    Schweigen wird als Position interpretiert – genauso wie jedes Statement.
11. **Corporate Activism muss Ressourcen haben**
    Ein aktivistisches Engagement benötigt:
    - Budget
    - Zeit
    - datengestützte Analysen
    - ein klares Mandat des Top-Managements

    Aktivismus „nebenbei" ist nicht möglich.
12. **Wirkung regelmäßig evaluieren**
    Unternehmen sollten Wirkung messen in drei Dimensionen:
    - gesellschaftliche Wirkung
    - ökonomische Wirkung
    - resonanzbezogene Wirkung (Medien, Social Media, Narrative)

Was Sie aus diesem *essential* mitnehmen können

- Corporate Activism ist kein Kommunikationsformat, sondern ein risikobehaftetes organisationales Verhalten, das nur funktioniert, wenn gesellschaftliche Erwartungen in die Logik des Unternehmens überführt werden können.
- Die SDGs bieten einen zentralen Orientierungsrahmen für Themenwahl und Verantwortungsverständnis – ihre öffentliche Resonanz ist jedoch ungleich verteilt, und gesellschaftlich wichtige Themen erzielen oft wenig Aufmerksamkeit.
- Glaubwürdiges Engagement erfordert Konsistenz von Haltung und Handlung: Ohne strukturelle Maßnahmen, Ressourcen und interne Legitimation drohen Wokewashing-Vorwürfe, Reaktanz bei Mitarbeitenden oder Reputationsrisiken.
- Die Zukunft des Corporate Activism bleibt schwer prognostizierbar, da politische Agenden, öffentliche Aufmerksamkeit und das Zusammenspiel verschiedener Akteure hochgradig dynamisch sind.

L.-P. Linke, *Corporate Activism: Wenn Unternehmen sich engagieren*, essentials, https://doi.org/10.1007/978-3-658-50934-7

Literatur

Adegeest, D.-A. (18. 05 2022). *Calvin Klein: Kampagne mit schwangerem Transmann löst Online-Debatte aus*. Abgerufen am 23. 11 2025 von Fashion United: https://fashionunited.de/nachrichten/mode/calvin-klein-kampagne-mit-schwangerem-transmann-loest-online-debatte-aus/2022051846612

Andersen, S. E., & Johansen, T. (2024). The activist brand and the transformational power of resistance: towards a narrative conceptual framework. *Journal of Brand Management, 31*, 140–152.

Associated Press. (23. 05 2023). *APP News*. Abgerufen am 30. 11 2025 von Amazon workers upset over layoffs and return-to-office mandate plan walkout: https://apnews.com/article/amazon-walkout-mandate-climate-change-seattle-dc921dce60c90b8b9d1c48ad8dc49c48

Ayberk, E.-M., Kratzer, L., & Linke, L.-P. (2017). *Weil Führung sich ändern muss. Aufgaben und Selbstverständnis in der digitalisierten Welt.* Wiesbaden: SpringerGabler.

Baecker, D. (2012). *Organisation als System* (4. Aufl. Ausg.). Frankfurt am Main: Suhrkamp.

Barnes, B. (22. 03 2022). *The New York Times*. Abgerufen am 30. 11 2025 von Disney Employees Walk Out Amid Furor Over Florida Legislation: https://www.nytimes.com/2022/03/22/business/media/disney-florida-employee-protests.html

Bendel, O. (2022). Aktivist. In O. Bendel, *110 Keywords Wirtschaftsethik* (S. 2–3). Wiesbaden: Springer.

Berlin Tech Workers Coalition. (30. 11 2025). *Berlin Tech Workers Coalition*. Abgerufen am 30. 11 2025 von https://techworkersberlin.com

Brendel, D. (2020). Purpose: A Foundational Theory for an Up-and-Coming Topic. *Marketing Review St. Gallen*, 10–16.

Cammarota, A., D'Arco, M., Marino, V., & Reciniti, R. (2023). BRAND ACTIVISM: A Literature Review and Future Research. *International Journal of Consumer Studies, 47*, 1669–1691.

Chatterji, A. K., & Toffel, M. (2019). Assessing the Impact of CEO Activism. *Organization & Environment, 32*(2), 159–185. https://doi.org/10.1177/1086026619848144

L.-P. Linke, *Corporate Activism: Wenn Unternehmen sich engagieren*, essentials, https://doi.org/10.1007/978-3-658-50934-7

Conti, S., Wang, Y., & Ravazzani, S. (2025). From Voice to Action? A Survey on Organizational and Individual Factors Impacting Employee Activism Intentions. *International Journal of Business Communication*, 1–29. https://doi.org/10.1177/23294884251384721

Cornelissen, J. (2023). *Corporate Communication. A Guide to Theory & Practice* (7th edition Ausg.). London: Sage.

Crespo, J. E., Lirios, C., Baéz, S., Rodríguez, I., Medina, J., Córdoba, V., … González, M. (2024). Corporate governance network around social responsibility and activism against the sustainable development goals. *Heritage and Sustainable Development, 6*(2), 829–844. https://doi.org/10.37868/hsd.v6i2.823

D'Arco, M., Cammarota, A., Marino, V., & Resciniti, R. (2024). How Do Consumers Respond to Brand Activism Campaigns? Exploring the Relationship Between Authenticity, Brand Value Congruence, Brand Identification, and Political Ideology. *Journal of Global Marketing, 37*(4), S. 264–281.

Damiano, A. D., Xie, W., & Jong, C. (2025). This bud (may not be) for you: An examination of perceptions of the Budweiser brand in the wake of the crisis involving transgender influencer Dylan Mulvaney. *Atlantic Journal of Communication, 33*(4), 644–666.

Dierig, C. (22. 08 2024). *Welt.de*. Abgerufen am 23. 11 2025 von Das ist die neue Anti-AfD-Kampagne von Miele, Oetker und Co.: https://www.welt.de/wirtschaft/article253046014/AfD-Miele-Oetker-und-Co-Das-ist-die-neue-Anti-AfD-Kampagne.html?utm_source=chatgpt.com

Dodd, M. D., & Supa, D. (2014). Conceptualizing and measuring corporate social advocacy: Examining the impact on corporate financial performance. *Public Relations Journal, 8*(3), 2–23.

Durney, M. T., Johnson, J., Sinha, R., & Young, D. (2025). CEO (in)activism and investor decisions. *Contemporary Accounting Research, 42*(1), 525–552. https://doi.org/10.1111/1911-3846.13004

Eilert, M., & Cherup, A. (2020). The Activist Company: Examining a Company's Pursuit of Societal Change Through Corporate Activism Using an Institutional Theoretical Lens. *Journal of Public Policy & Marketing, 39*(4), 461–476.

Esch, F.-R., & Esch, D. (2024). *Strategie und Technik der Markenführung* (10., vollständig überarbeitete und erweiterte Auflage Ausg.). München: Verlag Franz Vahlen.

Fezzey, T., Drnevich, P., & Borgholthaus, C. (2025). Damned If You Do and Damned If You Don't: A Theoretical Examination and Extension of CEO Activism. *Group & Organization Management, 50*(2), 632–681. https://doi.org/10.1177/10596011241308618

Frei, N. (2007). *Der Führerstaat. Nationalsozialistische Herrschaft 1933 bis 1945* (8. Aufl. Ausg.). dtv.

Gelles, D. (2025). *Dirtbag Billionaire: How Yvon Chouinard Built Patagonia, Made a Fortune, and Gave It All Away.* Text Publishing.

German Brand Award. (kein Datum). *German-Brand-award.* Abgerufen am 29. 11 2025 von Dove 20 Jahre #RealBeauty: https://www.german-brand-award.com/galerie/detail/brand-communication-public-relations/dove-20-jahre-realbeauty

Grab Your Wallet. (kein Datum). *Grab Your Wallet.* Abgerufen am 30. 11 2025 von About Grab Your Wallet: https://grabyourwallet.org/about-us

Grefe, E. A., & Linsky, M. (1995). *The New Corporate Activism: Harnessing the Power of Grassroots Tactics for Your Organization.* New York: McGraw Hill.

Heine, M. (26. 02 2014). *Aktivisten aller Länder, vereinigt euch!* Abgerufen am 27. 11 2025 von https://www.welt.de/kultur/article125202875/Aktivist-Wortgeschichte-und-Bedeutung-des-Wortes.html

Henderson, R., & Van den Steen, E. (2015). Why Do Firms Have "Purpose"? The Firm's Role as a Carrier of Identity and Reputation. *The American Economic Review, 105*(5), 326–330.

Horkheimer, M., & Adorno, T. (2022). *Dialektik der Aufklärung. Philosophische Fragmente* (26. Aufl. Ausg.). Frankfurt am Main: S. Fischer Verlag.

Hou, Y., & Poliquin, C. (2025). CEO Activism and Political Mobilization. *Journal of Business Ethics, 200*(2), 269–285. https://doi.org/10.1007/s10551-024-05901-x

Kam, C. D., & Deichert, M. (2020). Boycotting, Buycotting, and the Psychology of Political Consumerism. *The Journal of Politics, 82*, 72–88. https://doi.org/10.1086/705922

Kanter, R. M. (2011). How Great Companies Think Differently. *Harvard Business Review, 89*(11), 66–78.

Kim, J. K., Overton, H., Bhalla, N., & Li, J.-Y. (2020). Nike, Colin Kaepernick, and the politicization of sports: Examining perceived organizational motives and public responses. *Public Relations Review, 46*. https://doi.org/10.1016/j.pubrev.2019.101856

Kim, Y. (2025). A strategic approach to CEO activism: issue selection and. *Journal of Marketing Communications, 31*(8), 959–981. https://doi.org/10.1080/13527266.2024.2357083

Klingebiel, M., Klingebiel, N., & Lackmann, J. (2025). *ESG-Aktivismus als neuere Strategievariante aktivistischer Investoren.* Wiesbaden: SpringerGabler.

Klostermann, J., Hydock, C., & Decker, R. (2022). The effect of corporate political advocacy on brand perception: an event study analysis. *Journal of Product & Brand Management, 31*(5), 780–797. https://doi.org/10.1108/JPBM-03-2021-3404

kom.de. (13. 05 2024). Abgerufen am 25. 11 2025 von Kommunikationsverbände starten Initiative für Demokratie: https://www.kom.de/public-relations/deutsche-kommunikationsverbaende-starten-initiative-fuer-demokratie/

Krishna, A. (2021). Employee activism and internal communication. In L. Men, & A. Verčič, *Current trends and issues in internal communication: Theory and practice* (S. 161–174). Wiesbaden: SpringerNature.

lebensmittelzeitung.net. (29. 08 2024). Abgerufen am 24. 11 2025 von Landtagswahlen im Osten: Edeka positioniert sich gegen die AfD: https://www.wiso-net.de/document/LMZN__79ac830e0126b3a953f01463e1a08c53817b1829

lebensmittelzeitung.net. (31. 10 2025). Abgerufen am 24. 11 2025 von Unilever-Tochter: Ben & Jerry's künftig vielleicht auch ohne Ben: https://www.wiso-net.de/document/LMZN__9454de093fd617190ca087c59e574e7fcc122b57

Lim, H. S., & Ciszek, E. (2024). Effects of Perceived Fit and Authenticity in Transgender Influencer Endorsement: An Analysis of the Bud Light and Dylan Mulvaney's Partnership. *International Journal of Strategic Communication*, 357–378.

Luhmann, N. (1997). *Die Gesellschaft der Gesellschaft* (Bd. 1&II). Frankfurt am Main: Suhrkamp.

Lush. (09 2025). *In Solidarity with Gaza.* Abgerufen am 23. 11 2025 von https://www.lush.com/uk/en/a/gaza

Magnum ICC Germany GmbH. (kein Datum). *Ben & Jerry's.* Abgerufen am 25. 11 2025 von Unsere Social Mission: https://www.benjerry.de/unsere-mission

Milman, O. (12. 01 2024). *The Guardian*. Abgerufen am 27. 11 2025 von Starbucks sued over claims of labor and human rights violations in making of products: https://www.theguardian.com/business/2024/jan/11/starbucks-labor-lawsuit-human-rights-violations-coffee-farm?utm_source=chatgpt.com

Moorman, C. (2020). Brand Activism in a Political World. *Journal of Public Policy & Marketing, 39*(4), 388–392.

Mukherjee, S., & Althuizen, N. (2020). Brand activism: Does courting controversy help or hurt a brand? *International Journal of Research in Marketing, 37*(4), 772–788.

Ning, B. Y., Cham, T.-H., Lim, X.-J., Qiang, O., & Ye, Y. (2024). Why Do Consumers Take Stands? A Review of Customer Boycotts. *Journal of Marketing Advances and Practices*, 1–15.

Özoran, B. A., & Ulusan, A. (2025). Exploring corporate social advocacy and social media engagement: Insights from Ben & Jerry's. *Public Relations Review, 51 (4)*. https://doi.org/10.1016/j.pubrev.2025.102616.

Podnar, K., & Golob, U. (2024). Brands and activism: ecosystem and paradoxes. *Journal of Brand Management, 31*, 95–107.

Porter, M., & Kramer, M. (2011). The big idea: Creating shared value. How to reinvent capitalism – and unleash a wave of innovation and growth. *Harvard Business Review, 89*(1–2), 62–77.

Preußler, O. (2013). *Die kleine Hexe*. Thienemann.

Robert Bosch Stiftung. (kein Datum). Abgerufen am 24. 11 2025 von Robert Bosch: https://www.bosch-stiftung.de/de/robert-bosch-0

Rogero, T. (24. 04 2025). *The Guardian*. Abgerufen am 27. 11 2025 von 'Morally repugnant': Brazilian workers sue coffee supplier to Starbucks over 'slavery-like conditions': https://www.theguardian.com/world/2025/apr/24/starbucks-brazil-coffee-forced-labour?utm_source=chatgpt.com

Sarkar, C., & Kotler, P. (2020). *Brand Activism. From Purpose to Action*. Idea Bite Press.

Schroeder, J. E. (2009). The cultural codes of branding. *Marketing Theory, 9*(1), 123–126.

Schröter, R. (8. 1 2020). Vorläufer des Purpose. *Werben und Verkaufen*, S. 36.

Schubert, P., & Kuhn, D. (2025). *Monitor Unternehmensengagement 2025. Farbe bekennen, in Notlagen helfen, Mehrwerte generieren: Gesellschaftliches Engagement von Unternehmen im Wandel*. Essen: Stifterverband für die Deutsche Wissenschaft e.V.

Shrader, R. C. (2025). A Commentary on Fezzey et al. (2024): Stakeholders Are Paramount to Theories of CEO Activism. *Group & Organization Management, 0*(0), 1–7. https://doi.org/10.1177/10596011251361305

Sirgy, M.J. (1985). Using self-congruity and ideal congruity to predict purchase motivation. *Journal of Business Research, 13*, 195–206. https://doi.org/10.1016/0148-2963(85)90026-8

Stehr, N. (2007). *Die Moralisierung der Märkte. Eine Gesellschaftstheorie*. Frankfurt am Main: Suhrkamp.

Stöber, A., & Girschik, V. (2025). Cultivating dispersed collectivity: How communities between organizations sustain employee activism. *human relations, 78*(9), 1093–1122. https://doi.org/10.1177/00187267241290979

Tajfel, H. (1974). Social identity and intergroup behaviour. *Social Science Information, 13*, 65–93. https://doi.org/10.1177/053901847401300204

United Nations Department of Economic and Social Affairs. (2025). *The Sustainable Development Goals Report 2025*. New York.

Villagra, N., Sanchez, J., Clemente, J., & Pintado, T. (2025). Deconstructing corporate activism: a consumer approach. *Journal of Management & Organization, 31*, 2140–2154.

Vredenburg, J., Kapitan, S., Spry, A., & Kemper, J. (2020). Brands Taking a Stand: Authentic Brand Activism or Woke Washing? *Journal of Public Policy & Marketing, 39*(4), 444–460. https://doi.org/10.1177/0743915620947359

Weber, M. (1980). *Wirtschaft und Gesellschaft: Grundriß d. verstehenden Soziologie* (5. rev. Aufl., Studienausg. Ausg.). Tübingen: Mohr.

wiwo.de. (22. 11 2022). Abgerufen am 24. 11 2025 von Rewe beendet wegen "One Love"-Entscheidung Zusammenarbeit mit DFB: https://www.wiso-net.de/document/WWON__8806f1605d1790428f8372fe7dbd00709fe19be1

Zeit.de. (05. 09 2025). *Zeit.de*. Abgerufen am 01. 12 2025 von Trump veranstaltet Abendessen mit Chefs führender Tech-Unternehmen: https://www.zeit.de/politik/ausland/2025-09/usa-donald-trump-dinner-weisses-haus-tech-ceos-gxe

Zendel, A.-S. (2024). Der Einfluss von CEO-Aktivismus auf die Reputation von CEOs. *Corporate Communications Journal, 9*(1).

Zwölfer, R., & Lenk, A. (2023). Aktivistisch Investierende und ihre Einfl ussnahme auf Unternehmen. *Wirtschaftsdienst, 103*(11), S. 783–787.

GPSR Compliance
The European Union's (EU) General Product Safety Regulation (GPSR) is a set of rules that requires consumer products to be safe and our obligations to ensure this.

If you have any concerns about our products, you can contact us on

ProductSafety@springernature.com

In case Publisher is established outside the EU, the EU authorized representative is:

Springer Nature Customer Service Center GmbH
Europaplatz 3
69115 Heidelberg, Germany

www.ingramcontent.com/pod-product-compliance
Ingram Content Group UK Ltd.
Pitfield, Milton Keynes, MK11 3LW, UK
UKHW021959190726
13853UKWH00004B/1623
9783658509330